1ª edição - Dezembro de 2021

Coordenação editorial
Ronaldo A. Sperdutti

Revisão
Alessandra Miranda de Sá

Capa
Juliana Mollinari

Diagramação
Juliana Mollinari

Assistente editorial
Ana Maria Rael Gambarini

Impressão
Gráfica Paulus

Proibida a reprodução total ou parcial desta obra sem prévia autorização da editora.

© 2021 by Boa Nova Editora.

Av. Porto Ferreira, 1031
Parque Iracema
CEP 15809-020
Catanduva-SP
17 3531.4444

www.**boanova**.net
boanova@boanova.net

VALDEMIR BARBOSA

O AMOR É A CURA

editora otimismo

Dados Internacionais de Catalogação na Publicação (CIP)
(Câmara Brasileira do Livro, SP, Brasil)

```
Barbosa, Valdemir
   O amor é a cura / Valdemir Barbosa. -- 1. ed. --
Catanduva : Editora Otimismo, 2021.

   ISBN 978-85-86524-94-3

   1. Bíblia - Mensagens 2. Reflexões I. Título.

21-87888                                          CDD-251.01
```

Índices para catálogo sistemático:

1. Mensagens bíblicas : Cristianismo   251.01

Cibele Maria Dias - Bibliotecária - CRB-8/9427

Impresso no Brasil – Printed in Brazil
01-12-21-5.000

A DEUS,
PELO DOM DA VIDA.

"Ainda que eu falasse as línguas dos homens e dos anjos, e não tivesse amor, seria como o metal que soa ou como o sino que tine.

E ainda que tivesse o dom de profecia, e conhecesse todos os mistérios e toda a ciência, e ainda que tivesse toda a fé, de maneira tal que transportasse os montes, e não tivesse amor, nada seria.

E ainda que distribuísse toda a minha fortuna para sustento dos pobres, e ainda que entregasse o meu corpo para ser queimado, e não tivesse amor, nada disso me aproveitaria.

O amor é sofredor, é benigno; o amor não é invejoso; o amor não trata com leviandade, não se ensoberbece.

Não se porta com indecência, não busca os seus interesses, não se irrita, não suspeita mal. Não folga com a injustiça, mas folga com a verdade. Tudo sofre, tudo crê, tudo espera, tudo suporta."

(1Co 13,1-7)

Prezado leitor, leitora.

Compartilhamos com você algumas reflexões que visam chamar-nos a atenção para o otimismo e o amor, e auxiliar na cura das feridas da alma, onde residem todas as enfermidades.

Não se trata, todavia, de um livro dessa ou daquela denominação de fé, e sim, de pensamentos que objetivam exaltar o AMOR, e colocá-lo em prática em nossas relações do cotidiano.

A tarefa, por assim dizer, talvez não seja das mais fáceis, no entanto é um exercício constante do qual não podemos nos eximir.

É uma reforma que se converte em cura interior, podendo ser realizada dia a dia, isto é, no trato com o semelhante e conosco, ao olhar-nos com mais apreço, bem como ao direcionar esse olhar para o outro com o mesmo sentimento que desejamos ser direcionado a nós.

Um abraço fraterno,
Valdemir Barbosa

1

Eu sou a luz que vim ao mundo. (Jo 12,46)

Houve um tempo em que a ESPERANÇA surgiu no horizonte. Reluziu no céu como bússola, direcionando os viajantes do caminho.

Brilhou como o sol no romper da aurora, aquecendo a vida dos desvalidos, ignorados pela frieza dos corações.

Ergueu-se pelos campos, qual lírio revestido de beleza, emoldurando a paisagem campestre.

Jorrou como água pura aos sedentos.

Ressoou como música suave e calma aos ouvidos que a recebiam sem ruídos.

Acolheu a todos como amigos, onde a convivência parecia ser insustentável.

Foi motivo de alegria para os enfermos do corpo e do espírito.

Um bálsamo suave e providencial sobre as mazelas do mundo.

O roteiro de vida a ser seguido e imitado por todos.

Esta esperança é Jesus de Nazaré, o Mestre, Senhor e Amigo incomparável para todas as épocas.

2

O que ouvistes e observastes em mim, isso praticai.(Fp 4,9)

Transforme sua queda em uma lição, cujo aprendizado lhe servirá para o futuro.

Observe que, quando se sente preparado para deixar o ninho, o filhote de ave ensaia seu primeiro voo, bate as asas como se estivesse testando sua habilidade motora. Antes, algumas de suas tentativas foram frustradas; se esbarrou em árvores, pedras, foi ao chão.

Ao se sentir mais seguro e com firmeza nas asas, ele consegue alçar voos mais altos.

Você não tem asas para voar, mas pode fazê-lo por meio da sua imaginação e da vontade em chegar às alturas com a vitória sobre suas limitações.

Note que, antes de conquistar o primeiro lugar, o corredor treinou incessantemente, dando o melhor de si em seu propósito.

Força, garra e persistência é a receita que usou para suas dores, decepções e fracassos iniciais.

Aprenda com o que a vida ensina. Coragem!

3

Se levantarão falsos cristos, e falsos profetas.
(Mt 13,22)

O homem é dotado de *dons*, por meio dos quais o Senhor se manifesta numa demonstração do Seu poder, assim como aconteceu a Moisés, que trouxe as Tábuas da Lei.

No dia de Pentecostes, os discípulos foram surpreendidos com o fenômeno das *línguas de fogo* que desceram sobre eles, despertando-lhes os dons do *Espírito*, com os quais passaram a operar milagres.

Entretanto, existe um sem número de pessoas que usurpam as graças que Deus lhes confiou, extorquindo pessoas simples e de boa índole, ao se fazerem passar por servidores do Cristo, quando em realidade servem a si mesmos. Cuidado com estes!

Eles se encontram em ruas, praças, gabinetes e recintos de fé, desonrando as bênçãos que o Senhor lhes confiou!

Não generalizemos, porém, porque há os que são verdadeiramente dignos e honrados.

4

Obediência à verdade, para o amor fraternal, não fingido. (1Pe 1,22)

A sociedade contemporânea tem seguido por caminhos paralelos, ou seja, na contramão do seu destino, que é chegar à plenitude da felicidade.

As ferramentas tecnológicas, que encurtam distâncias, têm distanciado as pessoas umas das outras, por não saberem utilizá-las com equilíbrio.

Relacionam-se nas redes sociais, porém não encontram tempo para dar atenção àqueles que estão em casa ou numa roda de amigos.

Colocam o mundo virtual acima do mundo real, e se esquecem da própria essência.

Ainda é necessário o contato humano para que as relações não se esfriem.

Todos nós carecemos de ter as pessoas por perto, pois não podemos ficar robotizados, frios, insensíveis. Somos filhos do Amor Divino, e não da superficialidade.

5

Eu sou a porta; se alguém entrar por mim, salvar-se-á. (Jo 10,9)

Jesus nos ensina a importância de permanecermos Nele, isto é, de vivenciarmos os seus ensinamentos em espírito e verdade.

É Ele o nosso porto seguro, em cujo amor descansamos, para logo após seguirmos abastecidos no mar da existência.

Não há outra maneira de alcançarmos a felicidade se não for aquela exemplificada pelo Cristo nos seus gestos de bondade.

Basta que permitamos a Ele adentre a porta do nosso coração e nele permanecer.

E que, dessa forma, possamos nos submeter à Sua autoridade, transformando a pedra rústica que existe em nós em uma peça preciosa que mostre todo seu brilho e valor.

Devidamente transformados, depois de termos atravessado a soleira da Porta luminosa e restauradora que é Jesus, entreguemo-nos a Ele.

6

Mas a manifestação do Espírito é dada a cada um, para o que for útil. (1Cor 12,7)

Os Carismas são diversos e pessoa alguma terá todos eles, uma vez que o Senhor os distribui a quem Ele quer, porém não para satisfazer quem o recebeu, e sim para que o portador possa usá-lo em nome do bem, servindo de canal para que o Espírito nele se manifeste.

A obra não precede o obreiro; antes, este último é quem faz a qualidade da obra, mediante sua conduta, entrega, disposição e coragem. Ou seja, nenhum feito nasce sozinho, precisa de alguém para dar-lhe início, embora podendo contar com o auxílio do Alto, que o direcionará no bom caminho.

O auxílio espiritual é designado àqueles que querem realmente ser úteis aos serviços de ordem elevada, no socorro aos seus semelhantes que vêem atrás ou estão parados à margem do caminho.

7

Deixo-vos a paz, a minha paz vos dou.
(Jo 14,27)

Encontrar a paz é o desejo de muitos. Mas alguns a buscam em lugares ou coisas onde ela não pode ser encontrada nem construída.

Existem duas situações: uma, é a falta de paz provocada pelas circunstâncias que fogem ao nosso controle. A outra, não a encontrar por motivos causados por paixões, ganância, superficialismo, mágoa, desamor, enfim, ausência de Deus em nossa vida.

Podemos obter a harmonia, verdadeira, ao lançar um olhar diferente sobre o nosso conceito de paz, porque ela não está subordinada às coisas ou pessoas que nos cercam, mas ao nosso estado de consciência e desenvolvimento, alicerçado no amor.

Há quem gostaria de entregar todos os seus bens em troca da consciência tranquila, para desfrutar de um momento de paz.

8

Quem está em mim, e eu nele, esse dá muitos frutos. (Jo 15,5)

Quando a humanidade compreender que não há outro caminho, a não ser o do AMOR, para crescer espiritualmente e, assim, viver em harmonia, tudo melhorará, gradativamente, o que fará do mundo um planeta mais feliz.

É preciso compreender que estamos ligados ao Tronco espiritual que é Jesus Cristo, sem o qual ficaremos como galhos que se desprendem da árvore: secos, sem vida, com utilidade apenas para alimentar a fogueira.

Sem a presença divina do Cristo em nós, teremos dificuldade em produzir bons frutos. Galhos secos não recebem nutrientes das raízes, e neles não podem nascer folhas, muito menos frutos.

Sem a companhia do Mestre, a existência é mera passagem pela terra, com pouca ou nenhuma evolução do espírito.

9

*Em nome de Jesus Cristo, o Nazareno,
levanta-te e anda. (At 3,6)*

Há almas enfermas, como há!

Se você admite estar se sentindo assim, já abriu uma fresta para que a claridade penetre em seu interior, um filete luminoso que contrasta com a escuridão da angústia.

Quanto mais abertura der, maior será a intensidade da luz ao adentrar o espaço, tomando conta de todo o ambiente interno, eliminando as sombras, modificando o seu estado de espírito.

Levante-se e ande! Mesmo tateando no escuro das suas amarguras, siga o filete de luz até a fenda da porta ou janela, e abra-a, permitindo que a luminosidade entre e o ilumine.

Emocionalmente, você pode parecer abatido, derrotado, caído, porém, se der oportunidade para que um Mensageiro celeste se aproxime, tudo pode mudar. E irá mudar! Lembre-se: somos nós que abrimos a porta aos convidados para que possam entrar.

10

Jesus foi levado pelo Espírito ao deserto, para ser tentado pelo diabo. (Mt. 4,1)

Você tem a sensação de estar atravessando um deserto? Sente-se sozinho, desamparado e angustiado? Atravessar o "deserto" às vezes se torna uma experiência necessária em nossa jornada terrena. O vazio e a solidão nos levam a refletir sobre questões que precisamos resolver em nós mesmos, não na exterioridade.

Neste trajeto, sem direção definida, sem bússola, sem quem o guie, a mente fica atribulada com muitos pensamentos que a atormentam, e que aparentemente parecem levar ao desespero e à loucura.

É uma prova, sem dúvida.

Prossiga, mesmo titubeante e quase sem forças; não desacredite da Providência Divina, porque logo mais, após ter passado a última duna, você encontrará um oásis de bênçãos.

Sua passagem pelo deserto terá chegado ao fim.

11

O que quero isso não faço, mas o que aborreço isso faço. (Rm 7,15)

Você já se deu conta de estar fazendo algo que a consciência não aprova? Não se recrimine em excesso. Pior que errar seria ignorar o erro, ainda que não o tenha cometido de forma voluntária ou premeditada.

A compaixão e a misericórdia de Deus nos alcançam quando estamos imbuídos de bons sentimentos e sinceridade, diante do desejo de querer acertar, embora as nossas imperfeições.

Jesus sempre usou de misericórdia para com as fraquezas humanas. Não condenou a mulher adúltera nem o coletor de impostos. Ele os acolheu, assim como a muitos outros, sabendo que é possível a transformação depois de ter conhecido o Seu amor.

O bem é um exercício diário e vencer as próprias fraquezas é uma batalha constante.

A humanidade do homem não deve sobrepor-se a sua espiritualidade em Deus.

12

Não és tu que sustentas a raiz, mas a raiz a ti.
(Rm 11,18)

É importante agradecer, manifestar as maravilhas que se operam em nome do Criador, onipresente e onisciente. Sem Ele, nada pode o homem de pouca ou nenhuma fé.

Em todas as suas conquistas, lembre-se sempre Daquele que sabe de todas as coisas e lhe proporciona oportunidades para que as obtenha com o próprio esforço.

Não é de bom-tom se vangloriar dos próprios feitos, esquecendo-se de que tudo é sustentado pelo Alto.

O que mantém a árvore de pé, verde e frondosa, são as raízes, e não a árvore às raízes.

A autossuficiência derrubou muitos impérios, porque não estavam alicerçados em Deus, cujo Império é verdadeiro e permanente.

Nunca se esqueça disso!

13

Transformai-vos pela renovação do vosso entendimento. (Rm 12,2)

A nossa transformação acontece por meio do empenho incessante para tornarmo-nos cada vez melhores, ao mantermos o equilíbrio sobre todas as coisas. Não é uma realização das mais simples, quando confrontamos nossa realidade espiritual: seres imperfeitos que já conheceram a Luz, mas que ainda precisam trabalhar muito para desfazer-se das próprias sombras.

Essa é a razão pela qual não devemos considerar todas as ações ou atitudes que se praticam em nome da alegria como naturais, sem se importar com as consequências

Não se conformar com o mundo é isso: não aceitar tudo como normal ou permitido.

Então, a busca pelo entendimento nos leva à renovação de valores e conceitos, e, assim, a aceitar apenas o que for justo, aquilo que esteja de acordo com a proposta do amor e da civilidade.

14

Mas, o que foi semeado em boa terra é o que ouve e compreende a palavra; e dá fruto.
(Mt 13,23)

Quem ama não se deixa seduzir pela traição, simplesmente ama. E, quanto mais sente desenvolver em si esse amor, distancia-se do mal.

Esse sentimento vibra intensamente nos corações que se transformaram em terreno fértil, no qual a germinação da boa semente se faz notar pela sua qualidade e, posteriormente, pelos frutos que produz.

Fingir brandura não é o mesmo que a possuir. Gestos elegantes não são sinais de bondade, de vez que até mesmo os déspotas sabem se portar em público.

Voz calma e suave não faz com que alguém seja brando e pacífico.

Sorriso fácil nem sempre se traduz em bondade, porque há quem distribua sorrisos ao ver o infortúnio alheio. Enfim, se a semente não cair em terreno bom, de nada valerá regá-la.

15

Alegrai-vos na esperança, sede pacientes na tribulação, perseverai na oração. (Rm 12,12)

Encontre motivos para recomeçar.

Impulsionado pelas palavras de vida eterna do Mestre de Nazaré, as suas esperanças e forças serão restauradas.

Se as tribulações são muitas, recorra à oração diária e fervorosa, e procure manter a calma.

Por mais difícil que seja o momento de tribulações que possa estar atravessando, a prece e a fé são recursos que tem ao seu alcance, para serem utilizadas em seu benefício.

A alegria da esperança traz alento e estímulo para se acreditar que nada está perdido.

A vitória com Deus é sempre certa!

O tempo que você passa maldizendo a própria sorte pode e deve ser aproveitado na criação mental de dias melhores.

O amanhã será mais favorável, se hoje mentalizar e vibrar na frequência do bem, na certeza de que tudo pode e irá se transformar.

A esperança favorece a alegria.

16

Tampouco acreditarão, ainda que algum dos mortos ressuscite. (Lc 16,31)

As vozes do Céu sopram aos nossos ouvidos, alertando-nos sobre as causas divinas que nos aguardam na verdadeira vida: a vida na Eternidade.

Elas trazem as mensagens dos anjos, intercessores da humanidade junto ao Criador.

Ouçamos quando o Senhor falar conosco por meio dessas vozes, em forma de bons pensamentos, intuições e sonhos.

No primeiro momento, o raciocínio irá interferir sobre o que ouvimos no íntimo do nosso ser. Porém, não demoremos na ponderação, visto que o bom Pastor nos convida a fazer parte do seu aprisco e, não quer que nenhuma ovelha do rebanho se perca. Entendamos que os eleitos estão nessa condição porque obtiveram a graça, mas também porque se esforçaram para fazerem parte dessa eleição. Estejamos atentos às vozes que nos orientam no sentido do bem.

17

Ó néscios, e tardos de coração para crer.
(Lc 24,25)

Após a crucificação, os discípulos se dispersaram e dois deles se dirigiram a Emaús, de retorno à própria realidade. Para eles, tudo havia se acabado com a morte do Mestre.

O caminho de Emaús representa o nosso real estado de espírito: tristes, desapontados e perdidos, por onde seguimos de retorno à vida de antes, mesmo depois de termos conhecido os ensinamentos de Jesus.

O desapontamento e a falta de fé fecham nossos olhos ante a realidade que nos rodeia. E, ainda que estejamos na companhia de Jesus, não conseguimos percebê-Lo em Sua plenitude.

A estrada que leva a Emaús também significa recomeço, porque mesmo desesperançados, o Senhor ressurge para ver como estamos, revelando-se e enchendo nossos corações de paz e esperança.

É quando a caminhada em Sua companhia se torna mais leve e menos cansativa.

Então, nada está perdido, pelo contrário, é o começo de uma nova vida.

18

Aprendam também a aplicar-se às boas obras. (Tt 3,14)

Exerça sua missão na vida. Trabalhe em prol de uma causa pela qual não receba pagamento, doando parte do seu tempo em benefício de pessoas que precisam de auxílio.

Encontre o seu espaço na sociedade, execute uma tarefa como voluntário, e absorva das lições com as quais se depara, um aprendizado para toda a existência.

Em meio às experiências de se doar para que outros tenham seus sofrimentos aliviados, você encontrará a cura para as próprias feridas. Terá mais paciência, ânimo, compreensão, desenvolverá o sentimento do amor no coração.

Não fique na inação.

Participe de uma atividade edificante e, assim, você também irá se edificar como pessoa.

Acredite: o seu mundo interior se transformará. Todos conseguem se aprimorar mediante as boas obras.

19

Porque o reino de Deus não consiste em palavras, mas em virtude. (1Cor 4,20)

O conhecimento descerra dos olhos o véu do obscurantismo, que impede de enxergar o mundo ao redor, por isso o entendimento é necessário e indispensável.

De nada adiantará uma gama de informações se nos esvaziarmos de virtudes.

Todo indivíduo traz dentro de si uma fagulha da essência divina, e, para que ela se sobressaia ante as próprias imperfeições, é necessário que não deixe nublar as virtudes do coração, ao deter-se apenas ao campo das palavras.

Jesus disse que não se coloca a lâmpada sob a mesa, ou seja, para clarear a alma, é imprescindível iluminar-se por meio de autotransformação. É um exercício constante de abnegação, mediante o qual possa sair de si mesmo e ir ao encontro de outras realidades existenciais...

O entendimento sobre o próprio *eu* fará com que tenha a sensibilidade para sair da imobilidade e caminhar de mãos dadas com o bem comum.

20

Alegrai-vos comigo, porque já achei a minha ovelha perdida. (Lc 5,6)

O retorno de um filho de Deus à casa paterna é sempre uma alegria. A espontaneidade da volta e o reconhecimento dos erros, aliados ao propósito de renovação, são, sim, motivo de festa.

Nunca será tardio o regresso de alguém que tenha se aventurado por outros caminhos que o distanciaram da companhia familiar.

Como filhos do Reino, o Senhor nos convida a voltarmos ao convívio de Sua doce companhia.

Fazer o caminho de volta é atitude dos corajosos, que, despindo-se do seu orgulho, e arrependidos, vestem o manto da humildade e reconhecem as suas fraquezas ao buscar a compreensão e a misericórdia daqueles que os amam.

Nós somos caminheiros na jornada entre o Céu e a Terra. Se nos desencontramos de Deus neste trajeto, é natural que Ele nos busque, para que um dia possamos estar seguros no Seu Reino de amor.

21

Ouvimos que alguns de vocês estão ociosos.
(2Ts 3,11)

O ócio também pode ser encontrado nas questões relacionadas ao espírito, quando o homem deixa de exercer sua fé, sua comunhão com o Alto.

De todos os ócios, o mais nocivo é a ociosidade espiritual, porque, em não havendo vigor psíquico, o corpo terá o reflexo do que vem da alma. E, se ela estiver doente, o que dirá do corpo físico!

Muitos vivem com preguiça de pensar, refletir e orar. E se deixam levar pelas ondas como barcos relegados ao vento em alto mar, sem direção, sem força, como candidatos ao naufrágio existencial.

Esteja com ânimo o bastante para não perder a sequência do desenvolvimento pessoal nas diversas áreas do aprendizado, que constitui a sua evolução como um todo.

A ociosidade não é algo do qual possa se vangloriar, porque ela é um dos entraves que o impedem de avançar, deixando-o, por vezes, com a vida estacionada.

22

Não vos preocupeis, pois com o dia de amanhã. (Mt 6,34)

Crer em Deus é entregar-se sob Sua proteção. É não permitir que as preocupações do cotidiano interfiram em nossa relação com Ele.

É uma postura de confiança e fidelidade colocar-se sob os Seus cuidados, porém sem negligenciar as próprias responsabilidades e zelando pela parte que cabe a você.

Com amor e entendimento, empenho e convicção, poderá amenizar as preocupações e curar as incertezas que o afligem.

Se confiar de fato no que pede através da prece, não há necessidade de ficar "lembrando" Deus do que precisa.

A Divina Providência se faz providencial quando estamos sintonizados na frequência do bem.

Se estiver fora dessa faixa de sintonia, as ondas da Luz não poderão alcançá-lo.

É a lei natural.

Execute suas atividades com dedicação e se entregue, humilde e confiante, às mãos do Senhor.

23

Não saia da vossa boca nenhuma palavra torpe. (Ef 4,29)

As palavras têm um alcance que vai além dos ouvidos de quem as ouve e, de quem as pronuncia. Elas são carregadas de energias que podem servir tanto para abençoar quanto para amaldiçoar, não só a vida dos outros, mas primeiramente a nossa.

Comece com a autoeducação, o policiamento no falar. Evite quanto possível esbravejar, maldizer e criticar com o intuito de desmerecer o outro e a si mesmo.

Ao falarmos, trazemos junto à fala as vibrações condizentes com nosso estado emocional e psíquico, não apenas direcionando tais vibrações sobre pessoas ou situações a respeito das quais comentamos, como também mantendo sobre nós uma atmosfera do mesmo teor.

Se nossas palavras forem boas, úteis, compreensíveis, em suma, positivas, então não há com que nos preocuparmos.

Que não saia de nossa boca nenhuma palavra má, para que possamos sempre abençoar.

24

E não nos deixeis cair em tentação; mas livrai-nos do mal. (Mt 6,13)

O mérito não está em não sermos tentados, e sim em resistirmos à tentação.

O mal ronda a todos, em particular aqueles que estão em franca luta pessoal, procurando melhorar-se, evitando os caminhos do erro.

As tentações são muitas, mas quem se fortalece na oração, abriga-se sob o escudo protetor contra o assédio das sombras, que exploram as más inclinações e fraquezas dos indivíduos.

Tendências inferiores que se manifestam como egoísmo, raiva, injustiça, inveja e tantos outros sentimentos contrários ao amor, são canais que, quando abertos, podem nos fazer cair em tentação.

Para que isso não ocorra, convém mudarmos a direção dos pensamentos para questões mais nobres.

É impossível não sentir tais coisas? Sim, digamos que sim. Contudo, sentir, mas não as alimentar, porque do contrário o mal se instalará.

25

Que queres que te faça? E ele disse: Senhor, que eu veja. (Lc 18,41)

Há pessoas que, embora tenham os olhos perfeitos, são cegos da alma. Teimam em não enxergar outras realidades que poderiam fazer toda diferença em suas vidas.

A cegueira espiritual é prejudicial à vida interior. Com ela passa-se a acreditar apenas no que se vê com os olhos carnais, ignorando por vezes o Mundo Invisível para o qual todos voltaremos.

Para serem curados dessa cegueira é fundamental que tenham fé. "*Vê, a tua fé te salvou*", disse Jesus ao curar o cego de Jericó.

No entanto, antes de pedir uma dádiva, peça à misericórdia divina para que, primeiro, cure a cegueira da alma.

Quando passar a enxergar com os olhos espirituais, compreenderá e aceitará muitas coisas que via tão somente sob a ótica do mundo material.

Não limite sua visão apenas ao que o rodeia, amplie-a para além da matéria. Permita-se ver o que está dentro e fora de você.

26

Vós, jovens, sujeitai-vos aos anciãos. (1Pe 5,5)

Idosos precisam de carinho e respeito. Tal como as crianças, eles chegaram a um estágio que requer atenção redobrada.

Devemos ver neles o reflexo de como será o nosso futuro, isto é, nós também chegaremos à terceira idade, caso nossa permanência aqui não se esgote antes desse tempo.

Quem não respeita um idoso também não respeitará uma criança. São duas gerações que se igualam pela mesma fase: a fragilidade.

Tratemos bem nossos velhinhos.

A vida não se apaga com os anos de vivência, apenas traz limitações ao corpo físico, o que não impede de viver bem a idade atual.

Os movimentos rápidos dão lugar a outros mais delicados. No lugar da euforia da juventude entra a tranquilidade. A fala antes exaltada, torna-se mansa e pausada. O olhar ao longe, agora se contrai para ver mais nitidamente.

São eles hoje... Seremos nós amanhã.

Celebremos a vida que gerou a nossa vida.

27

Bem-aventurados os pacificadores, porque serão chamados filhos de Deus. (Mt 5,9)

Vivemos em um tempo em que a injustiça e a violência ainda estão disseminadas.

E por que isso acontece? Porque ainda há indivíduos que se deixam dominar pela cólera, fazendo eclodir o instinto inferior que trazem em si.

O remédio para esse mal se encontra no Evangelho, por intermédio do qual todos recebemos orientações seguras para corrigir as imperfeições, mediante o exercício da misericórdia de uns para com os outros. É ser pacífico.

Pacíficos não são covardes. São aqueles que já atenderam ao chamado do amor, ainda que nunca tenham lido uma linha do Evangelho, e compenetrados em que o remédio para os males da humanidade se encontra no amor, e não promovem o ódio.

A contenção dos ímpetos é um tratamento para a cura que começa a se realizar em nós.

28

Ninguém despreze a tua mocidade: mas sê exemplo dos fiéis. (1Tm 4,12)

Existem jovens de todas as idades, desde os que saíram da infância aos que já atingiram a maturidade cronológica.

Porém, nos referimos aqui à mocidade que começa a desabrochar para o futuro e, naturalmente, almeja que este seja de sucessos e vitórias.

Diante destas e outras aspirações, o ideal é que não deixem de caminhar nas diretrizes do equilíbrio para não se perderem no trajeto.

Que não negligenciem os valores familiares, a educação, o conhecimento e o enriquecimento da vida interior.

Não desprezar a juventude é dar-se o devido valor, sem se deixar seduzir pelas ofertas fáceis do mundo, por conseguinte, ilusórias.

Que a sua, a nossa mocidade seja bem vivida, conquanto saibamos separar o que seja realmente bem e mal viver, pois existem muitas coisas equivocadas disfarçadas de prazer e felicidade.

29

Todos os que pecaram sem Lei, sem Lei perecerão. (Rm 2,12)

A Lei Divina não pune, educa.

Se pisarmos em falso, fora da rota evolutiva, à qual todos estamos destinados, sofreremos as consequências dos próprios atos. Isso não é uma vingança da Lei, mas um dispositivo para que possamos retornar ao caminho da evolução.

Somos convidados a levar uma vida de equilíbrio. Esse convite é estendido a todos, indiscriminadamente aceitá-lo é decisão que cabe a cada um de nós.

Não vejamos em Deus um executor de punições arbitrárias, pois Ele não o é!

O que nos acontece muitas vezes, digamos de ruim não é uma punição, mas uma consequência por havermos feito escolhas erradas, por tomarmos decisões contrárias à Lei do Progresso.

Não culpemos ninguém pela nossa dor, principalmente se ela foi causada pela falta de amor de nós em relação aos outros ou a nós mesmos.

30

Tudo posso naquele que me fortalece. (Fp 4,13)

A fase ruim não durará para sempre.
Não raras vezes, nós costumamos culpar os outros, o destino, a própria vida pelo nosso sofrimento ou fracasso.

Fato é que, em determinadas ocasiões, somos atingidos pelos respingos de algo de que não temos culpa. Mesmo assim, devemos ser pacientes porque isso também passa, ainda que nos sintamos injustiçados.

Você tem força para atravessar essa fase sem deixar que ela o faça cair no descrédito e desânimo, e esperar que amanhã tudo poderá ser diferente, melhor.

Quando sentirmos que estamos atravessando um bosque em noite escura, precisamos, em meio ao silêncio, olhar para as estrelas, que parecem ter se aproximado para nos fazer companhia, e agradecer ao Criador por não estarmos sozinhos.

Com Ele resistimos ao frio da solidão.

31

Se o Senhor quiser, estaremos vivos e faremos isto ou aquilo. (Tg 4,15)

Tenha um objetivo na vida.
É preciso saber o que deseja para traçar uma rota e seguir por ela, sem tirar o foco do que deseja.
Isto vale para todos que anseiam por um futuro melhor, seja no campo profissional, afetivo ou emocional.
Sem estabelecer metas é praticamente impossível que obtenha alguma coisa apenas pela sorte.
A sorte chama-se empenho, disciplina, dedicação, garra, força interior, conhecimento.
Viver, esperando que a vida faça algo por você sem que nada tenha feito para chegar aonde quer, é inverter a ordem das coisas.
A vida não tem obrigação para conosco, nós sim temos obrigações para com a vida.
Fazer planos, ter sonhos construtivos, além de fazer bem, traz esperança e vitalidade à alma.
Ninguém deve viver sem um objetivo, pois ele é a mola propulsora que nos motiva a crescer.

32

Sede perfeitos como o vosso Pai celeste é perfeito. (Mt 5,48)

A perfeição não é deste mundo.

Exigir de nós mesmos o que o nosso estágio evolutivo não permite, parece mais um capricho do que um desejo de ser melhor.

Não soframos por algo que estamos longe de atingir, ainda que seja esse o desejo de muitos que buscam viver a essência do Evangelho.

Ser "perfeito" como o Pai celeste, é um incentivo para que não desistamos de lutar contra as próprias mazelas interiores.

A perfeição desceu ao mundo na pessoa do Cristo, sem dúvida podemos imitá-Lo em Seus exemplos de misericórdia, porém não de perfeição, pois, falta-nos muito ainda.

Mesmo assim, esforcemo-nos em nosso aprimoramento, sem a pretensão de sermos impecáveis. Nem por isso deixemos de exercitar o que há de melhor em nós.

33

Se alguém está em Cristo, nova criatura é.
(2Cor 5,17)

Esqueça os desacertos de outrora.
Erros fazem parte da trajetória de todos nós, e convém considerar que o dia de hoje é o momento de agir diferente.
Observe o canoeiro que deseja atingir a outra margem do rio; ele não olha para trás para ver as águas que seguem impulsionadas pelo remo, que o faz seguir em frente.
O seu objetivo é chegar ao outro lado, em terra firme, sem se preocupar com as ondulações deixadas pela embarcação por onde passou.
Ter foco, visando chegar ao destino, não permitirá que erros, antes cometidos, lhes causem crises de consciência.
O que passou deve ficar lá atrás.
Daqui para frente, escreva um novo capítulo da sua história, cujo enredo possa ser mais feliz, mais centrado.

34

Pois qual é maior: a oferta, ou o altar, que santifica a oferta? (Mt 23,19)

É preciso ter discernimento com relação às questões de ordem espiritual, pois diante delas nosso dinheiro nada significa.

Não podemos colocar a oferta material acima das causas divinas, pois ela não compra a nossa entrada para o mundo espiritual.

Deus é Espírito, e não capitalista, como parecem pensar muitas pessoas desavisadas.

Portanto, as ofertas e contribuições em nossos templos de fé, não são maiores que a graça e a santificação que provêm do ambiente espiritual, em conformidade com a vontade de Deus.

Essa oferta não é material; é a oferta do nosso amor, fé e melhoria interior. É a oferta do nosso melhor, santificada pelo altar do Reino Divino, representado pelo altar material.

Quando Jesus se referiu à oferta da viúva no Templo de Jerusalém, ao dizer ter sido a maior, não foi pelo valor que dera, mas pelo amor, pela fé e pela satisfação da entrega, da gratidão e do respeito a Deus.

35

Quem afirma estar na luz, mas odeia seu irmão, continua nas trevas. (1Jo 2,9)

O ódio gera enfermidades psíquicas e físicas.
Quantas doenças poderiam ser evitadas se o coração não estivesse envenenado com esse sentimento, mesmo alimentado de gota em gota!
A raiva passageira, de acordo com a nossa humanidade, talvez seja algo difícil de ser evitada, mas pode ser controlada.
Todavia, ela é como erva daninha que, se descuidarmos, toma conta do terreno em nosso coração.
Alimentar esse sentimento negativo só trará negatividade para nossa vida. E, se alimentados com frequência, trará distúrbios, roubando a paz interior e, influenciando da mesma forma nossa relação com os outros.
Só o amor, em forma de perdão, é capaz de curar essas chagas abertas.
Quem ganha? Aquele que perdoa!
Ganha harmonia, tolerância, cura e libertação para continuar vivendo sem nenhum peso na alma.

36

Não vos vingueis a vós mesmos, amados...
(Rm 12,19)

Pessoa alguma no uso pleno da razão pode afirmar ser capaz de se vingar de outra.

É muito fácil descer o nível para justificar o injustificável, ao ombrear-se com as atitudes de quem lhe causou algum mal.

Se você se sente maltratado, ser igual ou pior a quem o ofendeu, só irá aproximá-lo em moral e em grau de quem o tenha ferido.

A vingança, de qualquer natureza, é um mal que não irá solucionar o problema, seja ele de ordem moral, física ou material.

Imaginemos, então se Jesus, que nada devia, decidisse descer da cruz para punir os que O condenaram!

Se Ele, que tinha a Sua disposição a alta hierarquia de seres espirituais, não quis a punição dos seus algozes, por que nós revidaríamos o mal que nos fazem?

Respire fundo sem deixar que a atmosfera da maldade contamine você. Não confunda vingança com justiça.

37

Deem graças em todas as circunstâncias, pois esta é a vontade de Deus. (1Ts 5,18)

Ao acordar pela manhã, agradeça pelo dia que se inicia. Não saia da cama sem antes elevar o pensamento ao Criador e, agradecer-Lhe por ter despertado, pois você não sabe se ao final deste mesmo dia estará em condições de fazê-lo.

Por isso, não se esqueça de pedir a bênção e a proteção do Alto para que o seu dia, e o daqueles que o cercam, seja abençoado.

Apesar das dificuldades que possa estar enfrentando, reconheça as bênçãos de que é portador: a visão perfeita, a fala, os movimentos do corpo, o poder de pensar, enfim, a capacidade física e intelectual, que muitos não possuem.

Se olhar sob esse prisma, compreenderá que possui riquezas que nenhum dinheiro poderá comprar. E os problemas? Bem, se tornarão menores diante da felicidade de poder exercer livremente as suas faculdades.

Bendiga a Deus e à vida... sempre.

38

Se vós, pois, sendo maus, sabeis dar boas coisas aos vossos filhos. (Mt 7,11)

Como anda o relacionamento com os filhos? Você é daqueles que acham que a responsabilidade de educar está com a escola?

Lembre-se de que os profissionais da educação não geraram seus filhos e, por isso, não têm a obrigação de instruí-los moralmente, parte esta que cabe aos pais.

Professores têm o dever e a missão de orientar os alunos com base no sistema educacional, no entanto a parte moral e espiritual compete aos pais.

Fugir a essa responsabilidade é algo que os pais terão de responder perante a vida, que lhes confiou os filhos para que se tornem pessoas de bem.

Se em casa estão faltando amor, tempo e compreensão, decerto é porque se priorizou mais dar coisas do que atenção aos filhos.

Aproxime-se mais deles. Deixá-los viver por sua conta e risco é negligenciar a confiança que Deus depositou em você para cuidar deles.

39

E tudo quanto fizerdes, fazei-o de todo o coração, como ao Senhor, e não aos homens.
(Cl 3,23)

O seu trabalho é muito digno, ainda que não dê a ele o valor necessário para que o execute com satisfação. Por mais que a remuneração e a atividade não sejam do seu agrado, é por meio dele que você se sustenta e a sua família.

Abençoe o seu trabalho. Por mais modesto e inexpressivo que lhe pareça. Honre-o.

Se esse trabalho é honesto, o valor não está na projeção ou no *status* que ele pode proporcionar a você, e sim na satisfação de realizá-lo com alegria e gratidão.

Quantas pessoas gostariam de ter um trabalho para manter a si e a outros que estão sob sua responsabilidade!

Com dedicação, estudo e persistência, ainda encontrará outro que possa lhe trazer realização.

De momento, execute as tarefas com alegria, responsabilidade, humildade e fé no futuro.

Todo trabalho é digno se nele colocar dignidade.

40

Aprendei de mim, que sou manso e humilde de coração. (Mt 11,29)

Quando ampliamos os horizontes do conhecimento, nos distanciamos da ingenuidade.

Não precisamos ser ingênuos, e sim simples de coração.

Quando abrimos a mente para aprender coisas novas, entendemos que não sabemos de tudo.

Quem sabe de tudo é o Senhor que nos criou.

Quando estudamos outras crenças, não significa que devemos abandonar a nossa.

E, aí, compreendemos que a nossa forma de crer não é melhor do que a do outro.

Quando saímos de nós para ir ao encontro de quem se encontra sozinho, não encontramos tempo para reclamar da solidão.

Há muitos abandonados que contam com a companhia do Cristo, mas não dispensam outras companhias nem calor humano.

Quando compreendermos que nosso aprendizado na Terra é limitado, expandiremos a consciência ao infinito Amor.

41

Assim, mantenham-se firmes, cingindo-se com o cinto da verdade, vestindo a couraça da justiça. (Ef 6,14)

Quem age alinhado com a Justiça Divina não há como fazer diferente no desempenho da justiça dos homens.

Infelizmente, a justiça humana é falha, e em muitos casos não age com imparcialidade no cumprimento da lei, de vez que não consegue chegar à verdade plena nas questões em que está envolvida.

Se a lei do mundo seguisse a Lei Divina, certamente estaríamos vivendo num mundo mais justo e, por conseguinte, mais fraterno.

Mas Deus, em sua infinita Sabedoria, criou uma Lei perfeita, sob a qual todos nós estamos inseridos, de modo que não há quem possa se esconder ou fugir dela.

Em qualquer tempo ela irá nos alcançar, porque é da Lei que todos sejamos alcançados por ela.

A Justiça de Deus também se encontra armazenada na consciência dos homens, e ninguém foge a ela. Não há como dissuadi-la.

42

Deus não nos deu um espírito de medo, mas um espírito de força, de amor e de sobriedade.
(2Tm 1,7)

Imagine-se uma águia, que sobrevoa os vales e as montanhas, vislumbrando a paisagem do alto. E mesmo lá de cima consegue enxergar a quilômetros de distância qualquer coisa em terra firme.

Tenha a coragem e o olhar de uma águia, permita-se voar alto com seus sonhos e ideias, dilatando sua visão para enxergar ao longe o que muitos não conseguem ver.

Refaça-se. Reinvente-se.

Águias não desistem de viver, mesmo que para isso precisem se isolar e se autoflagelar para que novas penas, garras e bico cresçam, renovando-se por inteiro.

Embora não tenha a mesma visão da águia e não precise da autoflagelação, é importante mirar e voar em direção ao que deseja conquistar.

Anteveja os seus ideais se realizando no futuro, mentalize-os como se já estivessem acontecendo no presente.

Não tenha receio de enxergar ao longe.

43

Não temas, mas fala, e não te cales. (At 18,9)

Os grandes pensadores da humanidade, filósofos e inventores se tornaram grandes porque acreditaram em seus projetos, sem dar margem ao medo de exporem as suas ideias.

Embora sendo alvo de críticas e, muitas vezes, experimentando o descrédito daqueles que os cercavam, não abandonaram as suas concepções e filosofia de vida. Eles acreditaram em si mesmos, como se estivessem impelidos por uma força misteriosa. Enfrentaram preconceitos e romperam obstáculos para tornarem real o que era tido como um sonho impossível, conquistando por fim o respeito e a credibilidade de todos.

Se o que faz é com amor e confiança, não há porque inquietar-se com a opinião alheia.

A coragem de se expor ante o que o criticam e ridicularizam, já é uma quebra de barreiras que o projetará para o futuro.

Se o amor expulsa o medo, antes ele faz com que acredite em si mesmo e em seus projetos.

44

É necessário que ele cresça e eu diminua.
(Jo 3,30)

Não se julgue imprescindível.
A modéstia e a humildade são posturas de espírito, que enobrecem o caráter sem desmerecer quem você é essencialmente.
Quem se acha indispensável corre o risco de ser descartado mais facilmente do que aqueles que não denotam ser tão importantes.
Jamais se coloque acima dos outros.
Cada pessoa tem a sua importância e valor. E não lhe cabe dizer em que posição você se encontra, se acima, no meio ou embaixo.
Insubstituível mesmo só Deus.
E todos nós somos importantes para Ele. Só os orgulhosos pensam o contrário.
O orgulho ofusca o que há de mais belo no ser humano, a humildade de espírito. Ser humilde não é achar-se insuperável e insubstituível.
Cada um deve saber o seu lugar e até onde pode ir, reconhecendo os seus limites e necessidades, porque sempre precisará de alguém com mais conhecimento e sem arrogância.

45

Todo homem seja pronto para ouvir, tardio para falar, tardio pra se irar. (Tg 1,19)

Frear os ímpetos é um exercício que exige esforço e disciplina, mas que leva à tolerância.

Nenhum de nós nasce pronto, nosso desenvolvimento passa pelas fases da infância, adolescência, juventude e maturidade. São etapas nas quais o perfil psicológico vai se formando, e, a ele, devemos dar um direcionamento adequado.

Permitir que o que venha de fora nos influencie, instigando-nos à indignação e promovendo a ira, nos fará mergulhar nas baixas vibrações da violência verbal ou física.

Se manter o autocontrole lhe parece difícil, é porque tem sido rápido no falar e muito mais rápido para se irar.

Esteja sempre pronto para ouvir: ouvir o coração, antes que qualquer atitude precipitada tome a dianteira.

Não crie embaraços nem constrangimentos a você e aos que estão em sua companhia.

46

Deus se opõe aos orgulhosos, mas concede graça aos humildes. (Tg 4,6)

A *graça* não consiste em apenas receber uma graça, bênção, mas sim em trabalhar em prol dos outros para que obtenham a *graça* de um sorriso, de uma companhia, da acolhida, o auxílio do pão, o remédio do amor.

É natural que peçamos a Deus uma dádiva, mediante as nossas necessidades, mesmo sem levar em conta se temos os méritos para obtê-la.

De fato, se dependêssemos do próprio merecimento não ousaríamos pedir coisa alguma. Se nós somos agraciados com o que pedimos, é porque a misericórdia divina nos agraciou.

Contudo, não peçamos somente para nós, porque a *graça* que solicitamos para os outros por meio da oração, pode ser tão mais necessária e urgente.

Então, há quem queira receber uma *graça* de *graça*, sem ao menos fazer o mínimo esforço, sem antes ter ofertado um pouco de si em benefício de alguém ou alguma causa nobre.

47

Porei as minhas leis no seu entendimento.
(Hb 8,10)

Preencha o vazio interior com atividades que ocupem de forma saudável a sua mente. Assim não haverá espaço nem tempo ocioso para que a angústia, a baixa estima ou a depressão tomem conta de você.

A vontade própria é minada quando a mente está focada em situações que levam à tristeza.

Lugares escuros e de pouca higiene só atraem criaturas que se identificam com tais ambientes.

A presença do mal é a ausência do bem que pode e deve ser cultivado e multiplicado.

A inatividade e o isolamento no campo das relações humanas, são um convite para uma vida de solidão e amarguras.

Refugiar-se nos vícios é abraçar a própria morte, ainda que lenta, mas impiedosa.

O vazio que você sente pode ser preenchido com sua entrega ao exercício espiritual, independentemente de sua forma de crer, sem a qual nos distanciamos de Deus.

48

E reine nos vossos corações a paz de Cristo.
(Cl 3,15)

É possível estar em paz, mesmo em meio às tribulações. Pode parecer contraditório, mas não é!

Embora as dificuldades sejam parte da vida na Terra, o modo como lidamos com elas é que faz a diferença.

De nada adiantará o desespero, pois as reações dramáticas só fazem piorar a situação.

Mas como conservar a serenidade diante dos problemas? Se souber manter o equilíbrio necessário, passará por eles sem que o estado emocional seja de todo afetado.

Se as preocupações fazem eco em nossa mente, se nós tivermos fé, elas serão apenas a reprodução de ruídos que se distanciam até perderem a força.

A aflição só repercutirá em nós se permitirmos. Passar pelas provações com serenidade parece não fazer sentido, mas é no silêncio e na resignação que encontramos forças para passar por elas.

49

Despojemo-nos das obras das trevas e vistamo-nos das armas da luz. (Rm 13,12)

Se você não se ama, como exigir que os outros o amem?

Primeiramente, precisará fazer um exame de consciência e observar que direção tem dado à sua vida. As suas atitudes e a forma de se relacionar têm sido condizentes com o amor?

Não viva de ilusões!

Enquanto estiver dando braçadas, todos aplaudirão você, porém, se começar a se afogar nas águas viscosas da auto-ilusão, quem o salvará?

O autorrespeito deve ser preservado fazer o contrário é dizer aos outros que eles podem desrespeitar você.

Então, não espere muito daqueles que o rodeiam, nem todos saberão retribuir na mesma proporção, outros nem retribuirão.

O amor primeiro é aquele que nasce de nós para conosco, para depois o ofertarmos aos outros. Se não tiver amor por si mesmo, como pode dizer que ama os outros e eles a você?

50

Antes crescei na graça e conhecimento de nosso Senhor. (2Pe 3,18)

Vivemos num tempo de grandes e importantes transformações. A humanidade avança tecnologicamente e, em vários campos vemos os benefícios que o desenvolvimento tecnológico traz à sociedade como um todo.

Porém, ainda que estejamos viajando pelo espaço, buscando desbravar outros mundos fora do orbe terrestre, falta-nos explorar o mundo interior para que haja mais amor entre nossa própria espécie.

Detentor do livre arbítrio, o homem tem realizado feitos que só víamos na ficção. Contudo, Deus assim permite que, no uso das suas faculdades, o homem desbrave com seus próprios esforços as diversas áreas do conhecimento, evoluindo sempre.

Essa evolução está ligada ao despertar das faculdades como ser espiritual que é. Mas sem o amor, que faculta a evolução plena ao espírito, as demais conquistas permanecem apenas no campo do saber humano. Com a união de ambos, um grande salto se dará na evolução da humanidade.

51

Graças a Deus por seu dom indescritível!
(2Cor 9,15)

Você acha que já viveu tudo que tinha para viver, para agora se dizer cansado da vida?!

Diz ou pensa dessa forma porque não sabe o que é realmente sofrer!

Quantas pessoas gostariam de poder enxergar, colocar os pés na terra, poder tocar algo, ouvir, falar, sentir o cheiro da brisa, das flores, enfim, são inúmeras as possibilidades que gostariam de gozar e não podem. Ou se podem, o fazem de forma limitada.

Pense bem!

Quantas bênçãos você já recebeu na vida! Não dá para mensurar, não é mesmo?

Nem você sabe quantas vezes Deus o ajudou, mesmo sem ter percebido a Sua ação.

Lamuriar é uma forma de ingratidão diante do muito que já recebeu.

Agradeça sempre em todas as circunstâncias. Em especial pelo dom da vida, pela saúde do corpo, mas não se esqueça de preservar a saúde da mente, o equilíbrio do espírito.

52

Lázaro, vem para fora! - Jo 11,43

Passamos por um tempo de torpor coletivo, em que muitos de nós demonstramos estar anestesiados.

A essência primordial da existência, que é o amor e a fé, se esfriou, e em muitos corações parece ter morrido.

E, assim, nos encontramos num túmulo encravado no materialismo do mundo, sofrendo de uma catalepsia profunda, mortos para o que há de mais belo na vida.

O chamado de Jesus para Lázaro vir para fora, ressuscitando-o da morte, é o mesmo que nos faz para que saiamos da sepultura da inércia, da prostração e da falta de vigor existencial.

É o convite para que nós possamos ressurgir para o amor, que anda um tanto quanto enfraquecido pelo convencionalismo humano.

Para vivê-lo, não precisamos de regras. O amor é livre, no sentido de não se amoldar às conveniências, pois ele é a libertação de tudo que seja contrário ao bem.

53

Queres ficar curado? (Jo 5,6)

É importante tratar as doenças do corpo para que a saúde se restabeleça e, assim, possamos gozar da alegria de estar bem e em paz.

Porém, há enfermidades que possuem raízes profundas, que se encontram alojadas no imo da alma o que faz a doença física parecer menos grave, uma vez que, curada a doença psíquica, os sintomas físicos, em muitos casos, tendem a desaparecer.

Você quer a cura do corpo? Cure-se espiritualmente, removendo do coração todo mal, dissipando da mente toda toxidez psíquica.

O que adiantaria curar o corpo se o espírito não se renova? O problema tende a reaparecer, e muitas vezes, de forma mais intensa e avassaladora.

O que adianta ganhar o mundo e perder a alma? Parafraseando: Que proveito se teria em eliminar a doença do corpo se a alma ainda não está curada? Para os que não creem isso nada significa, para os que creem tem um grande significado e valor.

54

Assim não são mais dois, mas uma só carne.
(Mt 19,6)

Se não estiver sendo tratada com amor, não há porque ficar presa a um relacionamento que só lhe tem feito mal.

Sem respeito e lealdade é impossível manter uma relação saudável.

Amar o outro pode ser fundamental, contudo, o amor não deve ser insano a ponto de se aceitar maus-tratos, sejam físicos, psicológicos ou com palavras.

Existe uma linha tênue entre o sentimento e a razão, em que um não deve sobrepujar o outro, devendo então haver um equilíbrio.

Se o amor faz concessões, nem por isso deverá servir de muleta para se preservar o relacionamento, pois, se o relacionamento não está equilibrado, deverá haver esforço para que ele se equilibre.

Aquele que afirma que a relação está capengando é porque não ama e não é amado realmente. O verdadeiro amor não é capenga, isto é, torto, manco. O amor é sustentação, fortaleza, compreensão, ou seja, simplesmente AMOR.

55

Não saia da vossa boca nenhuma palavra torpe. (Ef 4,29)

Como alguém pode edificar coisas boas em sua vida se não policia as próprias palavras?

As energias que muitas vezes alimentamos, mesmo de forma inconsciente, permanecem em nós e se moldam às nossas vibrações e desejos. Se estes forem bons, certamente essas energias também serão de teor semelhante. Se forem maus, o processo de fixação não será diferente.

Tal como as ondas de rádio, as palavras e os pensamentos percorrem o ar, alcançando a sintonia desejada.

Mude o seu linguajar.

Corrija o modo de falar porque você atrai para sua vida aquilo que profere. Se forem palavras benditas, atrairá bênçãos. Se forem malditas, atrairá maldições.

Educar a fala e vigiar o que diz, além de fazer de você uma pessoa agradável, irá atrair muita positividade, propiciando equilíbrio em todas as áreas da sua vida.

56

Ora, Deus não é Deus de mortos, mas de vivos. (Mt 22,32)

Para os que acreditam que a vida se perpetua para além desta existência, após a morte física, compreenderão que o versículo acima se refere aos que estão vivos em espírito.

A manifestação de Moisés e Elias a Jesus, no Monte Tabor, é uma referência de que os chamados mortos no corpo continuam vivos espiritualmente.

Nada se acabou para a alma criada por Deus. Os Mistérios do Criador se revelam de tempos em tempos, e cabe a nós ter *ouvidos para ouvir e olhos para ver*, sem fechá-los à razão.

Então, deixe cair o espesso véu da descrença e a áspera camada do materialismo, que impedem a muitos de se abrirem para a espiritualidade.

Podemos até chorar de saudade por aqueles que partiram... Contudo, o que não podemos é deixar que o choro se converta em dor constante e revolta atroz contra a Divindade, porque Ele é Deus dos vivos, e os que se foram continuam presentes dentro de nós e vivos numa das moradas do Pai.

57

A criação inteira geme e sofre as dores de parto até agora. (Rm 8,22)

Você é do grupo que mantém pássaros em cativeiros, joga papelzinho na grama da praça, derruba uma árvore indevidamente para tirá-la do caminho, deixa resíduos tóxicos à margem do rio?

Estes são apenas alguns dos maus exemplos de pessoas que são alheias ao meio ambiente e ao bem-estar do planeta, e dele se utilizam, ambiciosamente, sem nenhum pudor ou peso na consciência.

Pertencer a este grupo de pessoas que não se preocupa com quem ou com o que está a sua volta, é aumentar o número de indivíduos que criticam os corruptos e, em contrapartida, se corrompem e são corrompidos de outras formas.

Falta-nos amor. Amor pela natureza, pela vida e por tudo que se refere ao equilíbrio do nosso planeta. Moramos aqui e não respeitamos a casa – a terra – que nos foi dada com todas as riquezas naturais para vivermos bem.

Assim como nós, tudo que está no meio ambiente é criação divina. Saibamos respeitá-lo.

58

Alegrai-vos sempre no Senhor! Repito: alegrai-vos. (Fp 4,4)

O sorriso desfaz toda expressão de desalento e tristeza. Se a você faltam motivos para sorrir, observe as pessoas que aparentemente não teriam "motivo algum", e estão sempre sorrindo.

Sem alegria a vida perde o encanto, e sem encanto não se vive plenamente.

Na balança em que se pesam a infelicidade e a felicidade, depende muito de nós em que lado depositaremos nossas energias.

Se você já conhece a tristeza, por que não se apresenta à alegria, ou deixa que ela a você se apresente?

Carranca e olhar entristecido não podem refletir o brilho que você possui.

Baixa estima não fará com que os outros tenham mais estima por você. Só os afastará.

Amargor não cativa ninguém.

Fel é a "poção" de quem deseja ficar invisível diante de pessoas que gostariam de gozar da sua companhia.

59

Aquele que não receber o Reino de Deus como uma criancinha, não entrará nele. (Lc 18,17)

Quem consegue ficar indiferente ante o sorriso e o olhar de uma criança?

Já notou como elas olham fixamente dentro dos nossos olhos? Como se estivessem dizendo: não tenho nada a esconder nem do que me envergonhar!

Deveríamos ser assim, abertos, sorridentes, sem culpa, sem mácula. Quando permitimos que se apague a criança que existe em nós, deixamos de transbordar alegria e autenticidade.

Ser como as crianças não significa que devemos ser infantis, pois existem muitos adultos que se comportam com infantilidade.

Não devemos confundir as coisas.

Devemos, sim, assumir o coração de criança para termos mais pureza, sermos mais sinceros com os outros e conosco, sem perder a maturidade.

Jesus nos convida à simplicidade, tal como as crianças, para que evitemos a arrogância e a prepotência que nos impedem de ver o semelhante com outro olhar.

60

Concilia-te depressa com o teu adversário, enquanto estás no caminho com ele. (Mt 5,25)

O amor é libertador, quebra os grilhões das maldades sob as quais muitos seguem aprisionados.

Quando vir alguém que lhe causou algum mal, e interiormente não tiver nenhuma reação, é sinal de que perdoou e que isto não importa mais a você. As lembranças podem até não serem apagadas completamente, todavia elas não despertarão mais sentimento negativo em relação ao outro.

O perdão é realmente libertador!

Beneficia-se primeiro quem perdoa. O perdoado também é favorecido, ainda que não tenha pedido perdão. Mas aí é algo que terá de acertar com a lei da vida. Não com você.

O importante é que não se prenda a sentimentos de mágoa, ódio ou rancor. Ficar preso a eles só irá atrapalhar a sua caminhada.

Nascemos para sermos livres. Perdoar é um ato de misericórdia e liberdade pessoal.

Só devemos nos ligar aos outros pelas vibrações do amor.

61

Que tua saúde corporal seja tão boa como a da tua alma. (3Jo 1,2)

Como anda a sua saúde? Bem?!
Mas me refiro à saúde integral, corpo e alma. Não adianta cuidar de um e abandonar a outra. Ambos precisam de cuidados constantes.
Por isso entregar-se aos excessos alimentares, intoxicar a mente com fatos negativos e não reservar um tempo para falar com Deus não é bom. Em algum momento precisará rever essas questões.
Cuide-se melhor!
Não ignore o seu bem-estar como um todo.
Tanto o corpo quanto o psiquismo, e o *eu espiritual,* necessitam de atenção, manutenção e prática.
Nós não somos como os super-heróis dos quadrinhos e filmes, temos as nossas limitações e necessidades. E observe que até mesmo esses personagens da ficção passam por apuros e possuem suas fragilidades.
É necessário que esteja saudável em todos os aspectos para que goze de uma existência feliz.

62

Não rogo que os tires do mundo, mas que os livre do mal. (Jo 17,15)

Quando adentrar um caminho que não conhece, cuide para que não esteja em rota de colisão...

Ninguém pode afirmar com segurança se o que vem em sentido oposto será benéfico ou perigoso.

Mas, se voluntariamente persistir no erro, o que esperar do futuro?

Se não souber escolher para onde quer seguir, o que virá de encontro poderá lhe causar algum dano moral ou material.

Previna-se.

As suas escolhas causam resultados que direta e indiretamente influenciarão na sua vida.

Depende do trajeto que traçou para chegar aos objetivos e das intenções que tem a respeito deles.

Aventurar-se por vias aparentemente "muito fáceis," é tentar enganar-se, pois nenhuma conquista honesta se adquire com muitas facilidades.

63

Este teu irmão estava morto, e reviveu; e tinha-se perdido, e achou-se. (Lc 15,32)

"Filho, filha volta para casa!"
Este pedido é a súplica de um pai e uma mãe que desejam o regresso do filho ou da filha amada ao lar que um dia foi deixado.

De fato, existem situações as mais diversas que fazem com que os filhos batam asas para viverem a própria vida. Algumas são de formas amigáveis, outras nem tanto.

As do segundo caso são sempre as que mais deixam feridas abertas, às vezes difíceis de cicatrizar.

Se você faz parte desse grupo, reflita bem antes de relutar para que o machucado não se feche.

Se não deseja retornar, que ao menos visite seus pais, que os perdoe por qualquer contrariedade em relação a você.

E você, pai, mãe, não feche a porta de casa, muito menos a do coração para seus filhos, pois nada se compara à dor do desprezo paterno ou filial.

64

Eu sou o caminho, e a verdade, e a vida; ninguém vem ao Pai, senão por mim. (Jo 14,6)

Não adianta se refugiar no escuro da noite, pois as horas avançam e o sol irá nascer, quer queira ou não.

Nós não temos controle sobre a noite e o dia, sobre a luz e as trevas. Mas podemos controlar as sombras que existem em nós, deixando reluzir a luz que também há em nós, a qual apagamos por causa do estado sombrio que deixamos penetrar em nossa mente, em nossa alma.

Decida viver e não fugir da vida, escondendo-se no escuro de um quarto que se tornou mais escuro porque dentro dele você criou energias densas e angustiantes.

Mudar esse cenário é sua responsabilidade. Busque ajuda, recorra à oração, consulte-se com um terapeuta, com um religioso, com um amigo, e acima de tudo deixe Deus agir em sua vida.

Há tanta beleza lá fora!

Não enxergue a vida sob um véu escuro, e sim com a transparência do amor de Deus por você.

65

Misericórdia quero, e não o sacrifício.
(Mt 9,13)

É necessário que desenvolvamos em nós o sentimento de compaixão.

Se assim agirmos compreenderemos melhor os outros e a nós também, mesmo com as deficiências que trazemos no recôndito da alma.

Passaremos a enxergar o mundo sob outro aspecto ao rever nossos pontos de vista, sem que tenhamos de deixar de lado o senso crítico, mas sendo mais justos e amorosos no observar.

Todos nós erramos em algum momento.

E não é menos verdade que existem aqueles que erram conscientes do erro, sem se importarem com os outros. Estes também precisam de compaixão, pois só colhe quem planta, e a colheita é compulsória.

Se tivessem misericórdia pelo semelhante não cometeriam os erros que cometem.

Nós precisamos ter compaixão por todos, em especial pelos oprimidos e dos esquecidos.

Se exercitarmos a misericórdia, teremos mais compreensão uns com os outros.

66

A fé é o firme fundamento das coisas que se esperam. (Hb 11,1)

Se Deus colocar a mão nada impedirá você de chegar aonde quer.

Não importa se as projeções do mercado estão em baixa. Se disseram que a cura desta doença é algo impossível. Se passou do tempo de engravidar...

Tudo isso e muito mais se perde no vazio das "impossibilidades" que, com a graça de Deus, passa de sonho impossível à realidade.

Seja você homem ou mulher de fé! A fé transporta montanhas, como bem asseverou o Mestre de Nazaré.

O Pai Celestial atua no plano da vida por meio dos seus Enviados, os anjos tutelares, Almas nobres que se encarregam de executar o que lhe é solicitado, mediante a fé e necessidade de cada um.

Creia! Mas creia mesmo! Tudo é certamente possível àquele que crê.

Não importa qual seja a dificuldade, se estiver movido pela certeza, sairá dela vitorioso.

67

Que nenhuma raiz de amargura, brotando, vos perturbe. (Hb 12,15)

Nós estamos mergulhados em um universo de vibrações no qual emitimos e absorvemos aquelas com as quais temos afinidade.

Quem está acostumado a só reclamar desenvolve em torno de si um campo vibratório negativo que impede a fluidez da vida. É uma barreira que se levanta, impedindo a prosperidade.

A pessoa que tem por hábito assistir programas de conteúdo trágico e violento absorve desses noticiários as energias condizentes, porque abre seu campo emocional diante do que vê e ouve, provocando, por vezes, estados de medo, pânico, insônia ou depressão.

É bem verdade que não devemos ficar alienados do mundo, desde que a devassidão dele não nos perturbe emocionalmente.

O que falamos, vemos e pensamos deve ser peneirado para que não desenvolvamos ao nosso redor um campo viscoso de energias densas.

68

As coisas impossíveis aos homens são possíveis a Deus. (Lc 18,27)

"Eu não consigo."
"Eu não posso."
"Será que vai dar certo?"
"Não aprendo nada."

Afirmações como estas fazem com que você se sinta incapaz de acreditar em suas capacidades criativas.

Deixar que contrariedades ou uma fase desfavorável o levem a pensar assim seria o mesmo que afirmar que elas são mais fortes que você. Talvez não esteja explorando o que tem de melhor, como sua capacidade intelectiva, sua força interior, sua confiança no Alto.

Apequenar-se diante do turbilhão de ocorrências ou circunstâncias desfavoráveis não parece ser uma atitude condizente a quem deseja vencer. Diante do que parece difícil, expressar-se negativamente só aumentará o grau de dificuldade.

Não coloque mais peso onde o fardo precisa ser aliviado.

69

Aquele que em vós começou a boa obra a aperfeiçoará até ao dia de Jesus Cristo. (Fp 1,6)

Se nós colocamos fel em nossas observações, é natural que as que são feitas a nosso respeito venham com um sabor amargo.

Muitas vezes faz-se necessário fechar os lábios e abrir os ouvidos e, com humildade, aproveitar o que se ouve para fazer uma autoanálise.

Mudar exige sacrifícios.

Muitos apreciam o chocolate, mas nem todos conhecem o processo que levou o cacau a chegar ao seu ponto saboroso.

Muitos gostam do mel, mas temem as abelhas responsáveis pela sua produção.

Todos acham lindas as rosas, no entanto se ressentem dos seus espinhos antes de colhê-las.

Para extrair o caldo delicioso da cana, é preciso que ela se converta em bagaço.

Assim, para que repensemos nossas atitudes e absorvamos algum aprendizado, temos de passar pelos processos que não são do nosso agrado, porém necessários à nossa melhoria interior.

70

Este povo honra-me com os lábios, mas o seu coração está longe de mim. (Mc 7,6)

Todos os dias vemos a repetição das coisas, o próprio sol nasce e se põe no mesmo lugar.
Levantamos pela manhã, fazemos nossa higiene, tomamos café e seguimos para o trabalho, onde a rotina do dia nos aguarda.
Por que então reclamar do rito religioso que se opera sempre do mesmo modo?
É imprescindível que leiamos e estudemos sobre a própria crença para não esfriarmos em relação a nossa fé.
Participar apenas da cerimônia da religião que abraçou sem que se aprofunde em seus fundamentos, é como ser uma "vaquinha de presépio", que apenas ocupa um lugar, mas dele parece não fazer parte.
Não apenas ouça o que o dirigente espiritual do seu templo de oração diz, mas exerça, por si as instruções hauridas e enriqueça o seu saber a respeito do que professa.
O Sagrado não deve ser menosprezado.

71

As más companhias corrompem os bons costumes. (1Cor 15,33)

A afeição fortalece os laços de amizade, em particular quando há empatia entre as partes.

No momento em que as relações humanas se encontram cada vez mais difíceis, saber conquistar amigos verdadeiros é extraordinário. Em alguns casos, o valor da amizade resume-se no quanto o outro tem a oferecer. Que vantagem que terá aquele que se aproxima com segundas intenções.

Cuidado com os lobos que fazem parte do círculo de amizades, revestidos de cordeiros inocentes.

Existem diversas situações de pessoas que se deixaram levar pela influência de outras, as quais consideravam "amigas", e se enveredaram por caminhos tortuosos, às vezes, de difícil retorno.

Por outro lado, não podemos ver inimigos em todos que nos cercam. No entanto, devemos reconhecer que a análise e o bom senso ajudam a resguardar-nos das falsas amizades e, por conseguinte, das interferências perniciosas.

72

Estive nu e me vestistes, doente e me visitastes, preso e viestes ver-me. (Mt 25,36)

A solidão não é agradável a ninguém, conquanto tenhamos a necessidade, às vezes, de estar a sós para meditarmos e repensarmos a vida.

Por isso é importante a dedicação de algumas horas ou um dia para visitar nossos irmãos que se encontram em asilos, prisões, orfanatos, hospitais ou num leito de dor em algum lar.

Marcar presença por alguns minutos junto aos que se encontram solitários, mesmo cercados de outras pessoas, é muito gratificante, tanto ao visitante quanto ao visitado.

Embora aqueles que desfrutam da sua companhia estejam numa condição mais delicada, esteja certo de que a sua presença lhes faz imensamente bem. Significa muito para eles serem lembrados, vistos e tocados com um abraço ou aperto de mão.

Um instante de conversa com eles pode converter-lhes o coração amargurado e a expressão tristonha em um alegre sorriso.

73

Não tenha de si mesmo um conceito mais elevado do que convém, mas uma justa estima. (Rm 12,3)

Não tenha receio de se olhar no espelho. Gostar de si mesmo é o primeiro passo para que também os outros gostem de você.

O espelho nos mostra como estamos exteriormente, reflete a nossa imagem e, assim, podemos cuidar da aparência, nos observar, gostar mais de nós.

Contudo, é preciso considerar qual a autoimagem, a impressão que tem feito a seu respeito. Não apenas do que vê no espelho, e sim da sua pessoa como um todo.

Se a resposta for negativa, algo está errado e tudo o que precisa fazer é se aceitar.

A autoaceitação ajudará na sua autoestima. Pessoas de autoestima elevada irradiam beleza e simpatia. Já a autorrejeição, é a negação de si mesmo.

Não faça uma autoimagem negativa de você.

Veja-se com muito carinho, amor e respeito.

Aceite-se como é, buscando melhorar-se.

74

Sejam vossos costumes sem avareza, contentando-vos com o que tendes. (Hb 13,5)

Faça tudo com amor e desprendimento.

Se você tem uma empresa e conta com determinado número de colaboradores, dê a eles uma remuneração justa.

Não pague com pena a quem lhe presta um serviço, como se aquele valor fosse fazer falta a você ou a sua empresa. Ao ter esse sentimento, você "contribui" para que o dinheiro recebido não renda tanto quanto deveria. Como se fosse uma maldição.

Se os seus negócios prosperam, alegre-se em contribuir para que a vida daqueles que o servem também seja próspera.

Empregador e empregado são parceiros, cada qual em sua posição, conquanto quem emprega esteja numa condição financeiramente melhor, por ser o dono do negócio, que gera a remuneração de ambas as partes. Seja justo com seu patrão, honre o seu trabalho. E faça o mesmo em relação aos que estão subordinados a você.

75

A oração feita por um justo pode muito em seus efeitos. (Tg 5,16)

Você já rezou hoje?

Esta é uma pergunta que devemos nos fazer todos os dias. Orar nos abre um campo de sintonia com o Mundo Espiritual.

Antes de darmos início a qualquer atividade devemos pedir a bênção divina para que possamos executá-la com sabedoria.

A oração, além de nos conectar com o Plano Superior, de onde recebemos boas inspirações, nos fortalece também frente às dificuldades.

Independentemente da religião, orar faz bem, é nossa conversa com o Criador, é o momento em que nos abrimos para falar com Ele e que paramos para ouvi-Lo, interiormente.

Converse com Deus por meio da oração, seja mental, falada ou por meio de atitudes que visem o bem do próximo, dos animais e da natureza.

Orar não é só para os espiritualizados, é para todos que acreditam que acima deste mundo existe um Deus que vela por todos.

76

Quem crê em mim, ainda que esteja morto, viverá. (Jo 11,25)

Não se revolte diante da morte de um ente querido. Mas peça que a Luz Divina acompanhe seu regresso à Casa do Pai.

Aqueles que partiram de forma inesperada e repentina agora contam com as boas vibrações para que, ao se depararem com a nova condição, sintam paz, leveza e esperança.

É natural que chore, sinta dor e saudades, mas o melhor a fazer é entregar o ente querido nas mãos de Deus, pois é Ele o criador da vida.

A revolta não irá ajudar quem partiu a ficar melhor, pelo contrário, aumentará a sua aflição e a não aceitação do Mundo a que agora faz parte.

O Evangelho nos diz que tudo que ligarmos na terra será ligado no céu com isso podemos entender que os pensamentos e as orações chegam aos que deixaram este mundo: ligamos aqui e lá...

Transforme a dor em emanações de amor e harmonia, ofertando-as a quem deixou a existência para viver na eternidade.

77

Revesti-vos do amor, que é o vínculo da perfeição. (Cl 3,14)

Nada substitui o amor.
Por amor à humanidade, Jesus se deixou ser supliciado na cruz.
Por amor, Maria, a Santíssima, sofreu calada diante do filho injustamente sacrificado.
Por amor, os pais deixam de fazer algo por si para não faltar nada aos filhos.
Por amor, ainda que só tenham instintos, os animais enfrentam os predadores para proteger seus filhotes.
Por amor, os jovens deixam a casa dos pais para formar uma nova família.
Por amor, pessoas desprendidas se dedicam ao bem dos outros.
Por amor, vemos o sol, a lua, a chuva, o frio e o calor pousar sobre a terra, trazendo equilíbrio ao planeta para que tudo funcione em harmonia.
Por amor, a misericórdia de Deus se faz presente em nossas vidas, nas mínimas coisas.
Nada há maior que o AMOR.

78

Não endureçais os vossos corações. (Hb 3,7)

Quando é que você vai mudar?

Se a sua docilidade se limitava apenas ao período da enfermidade, é sinal que curou o corpo, mas não a alma.

Não se esqueça do que viveu e sentiu, pois o sofrimento atua como cinzel, lapidando-nos o coração endurecido. Portanto, abrande-o.

Modifique o modo de tratar os outros. Entenda que a luta para nos curar interiormente deve ser mais acirrada.

Se você deseja o restabelecimento da saúde física, igualmente deve querer a cura interior, pois é na interioridade que nascem as impurezas do espírito.

A máquina orgânica se desfaz no sepulcro, mas a interioridade é que sobrevive ao que a terra se encarregou de eliminar. A essência espiritual não morre. Aceitar as lições da vida nos faz pessoas melhores, pelo menos, é assim que deve acontecer.

Pior que uma ferida aberta é carregar a chaga da maldade na alma.

79

Deus não nos deu o espírito de temor, mas de fortaleza, e de amor, e de moderação. (2Tm 1,7)

Está faltando motivação?

Sem estímulo não há como chegar a lugar algum. Se falta energia para correr atrás do próprio objetivo, como fará para atingi-lo?

Passos desanimados e desatentos são um convite ao tropeço numa das pedras do caminho.

Tenha mais entusiasmo, garra e determinação para atingir suas metas.

Basta um impulso para que as situações passem de estáticas ao movimento em direção ao que almeja. Se você se deixar dominar pelo desânimo nada irá acontecer em sentido favorável aos seus planos.

Convém observar a natureza, que é autossustentável, a sua vida é um ciclo perfeito, as coisas acontecem de forma organizada.

Então, organize-se também e se empenhe em fazer da sua vida um ciclo de progresso e vitórias.

80

Negue-se a si mesmo, e tome cada dia a sua cruz, e siga-me. (Lc 9,23)

Existem escolhas que são difíceis de se fazer. Se você não decidiu se segue por esta ou aquela estrada, às vezes, escolher o caminho do meio pode ser a opção mais acertada.

Deparar-se diante de uma encruzilhada, onde três setas apontam para direções distintas, e escolher seguir por uma delas torna-se difícil realmente se não tiver definido dentro de você o que deseja para sua vida.

Fazer esta opção nos dias de hoje ainda é motivo de vacilos, em se tratando da pessoa de Jesus Cristo. Aqueles que optaram por seguir os Seus passos o fizeram de coração, mente e espírito abertos. E ainda assim houve quem vacilasse.

Segui-Lo é muito mais que aderir a uma crença. É abraçar a cruz, ora apoiada sobre os ombros, e viver o amor, mesmo que encontre muitas dificuldades para colocá-lo em prática.

Vale a pena fazer esta opção!

81

Se não podem conter-se, casem-se. Porque é melhor casar do que abrasar-se. (1Cor 7,9)

Sexualidade desregrada não é sinal de satisfação sexual. Não confunda desequilíbrio com os anseios naturais do sexo.

Amplamente banalizado, o sexo tem sido motivo de vulgarização, ao se desviá-lo das suas funções enobrecedoras e utilizar sua energia criadora para satisfações egoístas.

O seu exercício sem compromisso e responsabilidade é faltar com o respeito que você deve a si e à outra parte envolvida.

Sendo assim, é preciso sublimar o sexo, canalizá-lo de forma que sua prática seja com união, amor e equilíbrio entre os casais.

Tudo que foge à normalidade e se avoluma em excesso tende a trazer desequilíbrio ao campo psíquico, causando desarmonia emocional e física.

Forças sexuais em desalinho são sinônimo de insatisfação e vazio interior.

82

Que cada um de vós saiba possuir o seu vaso em santificação e honra. (1Ts 4,4)

Cuidado com as explosões repentinas.

Ao explodir de raiva você está, de certa forma, promovendo um bombardeio em seu organismo, o que pode ocasionar um dano maior à sua saúde.

Cuide do seu emocional.

Temperamentos explosivos não resolvem situações nem amenizam conflitos.

Não basta saber gerenciar negócios e empresas, é preciso, antes, saber gerenciar as próprias emoções.

Se você usar o autocontrole sobre o que o desagrada e aborrece, não terá dificuldades para lidar com as situações que tendem a tirar-lhe do centro do equilíbrio.

É compreensível que haja a perda da calma em momentos de tensão, porém o exercício contínuo do autocontrole permitirá que não perca a razão. E, por outro lado, fará com que preserve os seus nervos e órgãos de um colapso emocional.

83

Não desanimemos na prática do bem. (Gl 6,9)

O que é ser feliz?
Cada pessoa encara a felicidade de um jeito. São diversos os conceitos para afirmar-se feliz.

Todos querem encontrar a felicidade, mas a felicidade relativa, porque a felicidade real e absoluta não é deste mundo.

Logo, descobrimos que o que nos faz feliz não é apenas a nossa felicidade, mas, sim, proporcionar felicidade aos outros. Dar-lhes um instante de alegria, ofertar-lhes nosso amor, compreensão, gentileza. Estender-lhes as mãos.

Concentrar-se somente no *eu*, sem olhar para quem está ao nosso lado, não parece justo, enquanto há tantos outros que precisam do mínimo para se sentirem felizes.

Dedicar-se ao bem dos outros nos traz uma satisfação sem igual, dando-nos ânimo, paz e alegria indescritíveis. Quantas pessoas são imensamente felizes sem possuírem o que muitos possuem, mas contribuindo para a felicidade dos outros.

84

Pela graça de Deus sou o que sou. (1Cor 15,10)

Você tem medo da rejeição? Se aceita como pessoa? Se a resposta for SIM para a primeira pergunta, e NÃO para a segunda, está precisando de uma cura interior.

Complexos e sentimento de inferioridade são sentimentos que precisam ser trabalhados para que tenha mais desenvoltura, atitude e valor pessoal.

Não se coloque em uma redoma com receio de não ser como os outros. Você só precisa ser você mesmo.

Como indivíduo, seus valores, seu jeito de ser, pensar e agir são o que caracteriza a sua individualidade em relação aos demais. Isso não é ser individualista, sim, uma pessoa com seus próprios talentos, capacidades, brilho e competência.

Você é o que é!

Por conseguinte, também é como se vê, não como os outros o veem.

Autorrejeição e não aceitação são uma barreira levantada pela sua baixa estima, não pelas pessoas.

Cure isso! Veja-se com bastante amor.

85

Vós julgais segundo a carne; eu a ninguém julgo. (Jo 8,15)

Fazer suposições sobre pessoas não é muito diferente de prejulgá-las.

Talvez você esteja vendo os outros apenas pelo aspecto negativo. Todo ser humano tem algo de bom, até mesmo o mais insensível dos homens. Apenas não consegue demonstrar seu lado positivo.

A Centelha de Deus está dentro de todos. Alguns não a percebem e vivem como se nada de bom houvesse dentro de si. Por outro lado, vemos reflexos dessa fagulha divina em pessoas que, naturalmente, deixam exalar o perfume das boas atitudes e do bom caráter.

Tirar conclusões apressadas não nos coloca em vantagem, pelo contrário, na maioria das vezes, leva-nos a ver coisas que podem não ser reais, pois não conhecemos o íntimo das pessoas.

Dessa forma, o que "vemos" nos outros não passa de um reflexo inconsciente do próprio eu, o nosso lado sombra, que também precisa de iluminar-se.

Busquemos enxergar a essência de cada um.

86

Arrependei-vos, pois, e convertei-vos. (At 3,19)

Por que você foge de Deus?
Acredita mesmo que poderá se esconder Dele? Você pode até ignorá-Lo, mas nunca irá conseguir esquivar-se do Seu olhar.

Já notou que muitas das coisas que acontecem em sua vida podem ser um despertar da consciência? Que Deus está querendo que se aproxime Dele?

Sim, porque Ele nunca esteve distante de Seus filhos. Você é que saiu da Sua presença quando optou por caminhos contrários ao Dele.

Volte. Ainda há tempo de recomeçar.

Não se distraia com ocupações que não lhe favorecerão, especialmente quando que tiver de deixar este mundo para voltar ao outro...

Não se iluda e nem deixe que o iludam.

É muito bom estar em sintonia com Deus. Trilhar o caminho do equilíbrio, do amor e da paz.

Volte. Ele espera por você de braços abertos. Eleja-O como seu Senhor.

87

Se, pois, o Filho vos libertar, verdadeiramente sereis livres. (Jo 8,36)

Mantenha a serenidade mental. Deter-se em lembranças negativas não o ajudará a se manter tranquilo.

Você precisa de paz.

Busque a harmonia, disciplinando o pensamento. Se ele se desviar para recordações tristes, mude o foco para registros mais alegres.

Não seja demasiadamente duro com você. Perdoe-se e perdoe a quem possa ser o motivo das lembranças amargas.

Tenha domínio sobre suas emoções, assim conseguirá escolher as que podem beneficiá-lo, fazendo com que se sinta mais leve, calmo.

Permitir que o seu campo mental seja povoado por reminiscências infelizes é atrelar a própria vida a fatos que só trazem amargura e estagnação.

Deixe que sua vida seja mais serena e vivaz, de mente e coração livres.

Liberte-se hoje!

88

Graças a Deus que nos dá a vitória por nosso Senhor Jesus Cristo. (1Cor 15,57)

Todos desejam se realizar na vida.

E cada pessoa se realiza de forma diferente, às vezes, com coisas simples, mas significativas.

Realização não é apenas adquirir coisas, conquistar reconhecimento, status ou não ter dificuldades para as contas do mês. É, antes, sentir-se completo com suas escolhas.

Não se sinta derrotado.

O sentimento de derrotismo mina as forças, impedindo-o de lutar pelo que acredita. Diminui as possibilidades de refazer o percurso para tentar outras vezes onde fracassou ou de onde havia parado.

Veja outras alternativas.

Encare o problema como o adiamento da vitória, não como uma derrota.

Só é verdadeiramente derrotado aquele que desiste de buscar novas possibilidades de se realizar.

Dê a si uma nova oportunidade de recomeçar.

89

E, se ele recuar, minha alma não tem prazer nele. (Hb 10,38)

O poder da livre escolha é decorrente do livre-arbítrio, é o poder de decisão, que ninguém poderá exercer por você.

Então, alguém poderá indagar: Quer dizer que os escravos escolheram ser cativos?

É óbvio que não!

Não podemos confundir escolha com subjugação. São coisas completamente diferentes.

Falamos aqui da seleção que fazemos, ou seja, de optarmos por esta ou aquela situação, caminho, produto, enfim, de tudo que envolve nossa capacidade de decidir.

É a liberdade que temos de fazer valer a nossa vontade, seja ela correta ou não, justa ou injusta. Essa é a liberdade de escolha que nos foi dada. Com ela avançamos ou estacionamos na escalada evolutiva.

Cada um tem esse direito de escolher o que deseja fazer da própria vida.

90

O amor cobre multidão de pecados. (1Pe 4,8)

Todos falam de amor, mas bem poucos vivem o amor.

Entre expressá-lo e praticá-lo existe uma diferença imensa, porque vivê-lo em sua plenitude, talvez, seja obra dos anjos.

Mas é possível também que nós, meros mortais, desenvolvamos com o exercício esse sentimento sublime, livres do egoísmo que nos limita a colocá-lo em prática, como o Mestre de Nazaré ensinou.

O que são os erros diante do amor?

O que é o ódio em face do amor?

O que seria da vida no mundo sem o amor?

Indagações como essas nos levam a refletir que, ainda que não seja pleno, é o AMOR que figura no cenário humano.

Sim, o amor! Mesmo de forma tímida, ele se mostra transformador, recuperando vidas, auxiliando quem precisa, cuidando dos caídos, esperando pelos que vêm na retaguarda.

É por amor que Deus nos colocou no mundo.

91

Está alguém entre vós aflito? Ore. (Tg 5,13)

Já notou quanto você é feliz?
Não? Observe a sua volta.
Reclamar da vida não a tornará melhor.
Se a única coisa que faz é se colocar como vítima das circunstâncias, então está na hora de mudar.
Veja quantas pessoas estão nas calçadas. Elas vivem sem emprego, teto, e sem família. A elas falta o mínimo de dignidade, pois estão à margem da sociedade.
Às vezes, os únicos amigos que possuem, são algum animal de estimação, um cãozinho que lhe devota toda a atenção e fidelidade.
Isso é ruim? Não! É ótimo.
É a companhia de que elas dispõem. E o pouco que conseguem para se alimentar, dividem com o fiel companheiro.
Você tem amigos assim?! Que bom!
Então você é muito feliz.
Isso sem falar de outras coisas que possui que contribuem para sua felicidade. Pense nisso.

92

Não estejais inquietos por coisa alguma. (Fp 4,6)

Todos já se frustraram algumas vezes na vida.

A frustração é um sentimento de incapacidade, que põe por terra nossas esperanças em relação a algo ou alguém.

Pode ser por causa de sonhos não realizados, planos desfeitos, a decepção com o cônjuge, com amigos, namorados, e ainda de projetos inacabados ou interrompidos.

São muitos os motivos que levam à decepção. Frustram-nos porque depositamos expectativas em algo que, talvez, até não nos fará bem.

Estejamos cientes de que temos de fazer a nossa parte, mas sem esperar muito dos outros, ou do que queremos e, de como queremos.

Deixemos Deus agir de acordo com a Sua, e não a nossa, vontade. Sem estarmos ansiosos.

Sejamos no mínimo desapegados para não nos decepcionarmos.

Se frustrou com algo? Vire a página.

93

As mesmas aflições se cumprem entre vossos irmãos espalhados pelo mundo. (1Pe 5,9)

De uma coisa pode ter certeza: você não é a única pessoa que sofre.

O sofrimento é universal. Não há quem possa vangloriar-se de nunca o ter experimentado.

Sem ele, provavelmente, o homem não se aproximaria de Deus.

Quando tudo transcorre maravilhosamente bem, o ser humano tende a deixar o seu relacionamento com Deus para segundo plano.

O mundo não é imperfeito, o sofrimento se dá pelas imperfeições humanas.

Logo, sofrer faz parte do crescimento espiritual da humanidade. Se ela souber entendê-lo, dele poderá tirar muitos benefícios, diminuindo a carga dos seus padecimentos.

Se você julga o seu sofrimento maior que do seu semelhante, é porque desconhece o sofrimento dos seus irmãos em humanidade.

Então, trabalhe para amenizar o sofrimento dos outros e terá os seus aliviados.

94

Se os teus olhos forem bons, todo o teu corpo terá luz. (Mt 6,22)

Discipline o olhar.

Acostumar os olhos a ver somente coisas boas parece tarefa impossível. Realmente não podemos fechá-los diante de tudo que surge a nossa visão, contudo, não demoremos o olhar somente nas questões negativas.

Procure olhar para tudo e todos com bons olhos. Deixe o julgamento ou a crítica mordaz de lado. Olhe, buscando enxergar o lado positivo das pessoas e dos fatos, muito além do que vê agora.

Por meio dos olhos, podemos intensificar ou apagar a luz da alma, e essa luminosidade se refletirá através do próprio corpo, porque a aura estará radiante.

Se alguém o magoou, olhe-o com misericórdia, porque é uma pessoa que também precisa de luz para encontrar o caminho do bem.

Agradeça a Deus por ter olhos de ver além...

Com olhos de luz, você não andará nas trevas da ignorância.

95

Abstende-vos de toda aparência do mal.
(Jo 14,6)

Deus não criou o mal.
E quem foi que o criou?
A ambição desmedida do homem em querer ser como Deus.
O mal existente, que há milênios campeia pelo mundo afora, germinou no coração das criaturas que se rebelaram contra o Criador.
Jesus desceu dos Altos Cimos para reacender no coração dos homens a chama que há tempos parece querer se apagar: o amor.
Na escola do mundo profano, Ele surge como Mestre Divino, para ensinar o caminho que leva ao Pai, e convida todos para trilhar Seus passos na direção do amor.
O amor é a chave para libertar o gênero humano dos grilhões que ainda o prendem à própria maldade, impedindo-o de alcançar a iluminação interior, sem a qual não atingirá as paragens celestes.
Sem o Cristo em nós, andaremos sem rumo, tateando na escuridão do desamor.

96

Vai, a tua fé te salvou. (Mc 10,52)

O maior milagre que pode acontecer a alguém, é realizado através de muita fé. Sem ela não é possível fazer com que a força do Alto atue em nosso favor.
É preciso crer sem vacilar.
A impossibilidade que muitos veem, você enxerga como uma oportunidade única, cuja certeza da realização está em sua confiança na Divina Providência.
Isso é ter fé.
Nada é mais significativo que confiar e estar alinhado à certeza da realização de algo.
Quantas curas, clinicamente inexplicáveis, se operam na vida de muitos, mediante a força da fé.
Quantos problemas, aparentemente insolúveis, são resolvidos sem que a luz da razão consiga explicá-los.
É a fé em ação.
Com ela, todos podemos, sob as bênçãos do Alto, mover montanhas de dificuldades
Trabalhe e creia. Aja e espere.

97

Se suportais a correção, Deus vos trata como filhos. (Hb 12,7)

Seus filhos não são filhos do mundo, mas vieram ao mundo através de você, pai, mãe. São almas que a Divina Criação lhes confiou para que os eduquem e instruam para uma vida digna e honrada.

Negligenciar o cuidado com aqueles que estão sob sua responsabilidade é menosprezar a missão a ambos confiada.

Em realidade, os filhos não pertencem a vocês, uma vez que, dos genitores, eles têm apenas a herança genética. O ser espiritual vem de Deus. E é desse *ser* que devem zelar, moldando-lhes o caráter. Os cuidados com o físico são igualmente indispensáveis, entretanto, o físico se desintegra neste mundo, já o espírito volta para o seu Criador.

Cuidem bem dos seus filhos e filhas. Não ignorem que o preparo espiritual é tão importante quanto os conhecimentos humanos, que são apreciáveis e necessários. Entretanto, se não houver base interior, terão dificuldades para fugir à fascinação exercida pelo mundo.

98

Alegrai-vos na esperança, sede pacientes na tribulação. (Rm 12,12)

Sentindo-se derrotado?

A existência é feita de múltiplas oportunidades, entre as quais, podemos fazer escolhas que se converterão em vitórias.

Alimentar o sentimento de fracasso diante do insucesso não lhe favorecerá em nada.

Se hoje as coisas não saíram como planejava, amanhã será um novo dia em que o êxito poderá bater à sua porta.

Andar olhando para o chão como se no céu não houvesse estrelas para abrilhantar as noites escuras seria o mesmo que admitir que a derrota é o limite, e que não há mais chance de brilhar com a sua vitória.

Levante o olhar e acredite que o fracasso momentâneo é pausa para conquistas maiores.

Você sabe que na vida nada é tão fácil de se conseguir na primeira tentativa. Se assim fosse, que valor daria ao trabalho, que exige esforço e dedicação constantes?

99

No amor não há temor. (1Jo 4,18)

Há momentos em que é preciso sair da zona de conforto e enfrentar a realidade.

Fugir da luta que nos é imposta por motivos circunstanciais, e que às vezes custam a terminar, é querer enganar a si mesmo.

Lá na frente, amanhã ou depois, você terá de confrontar o que deixou para trás, e que agora se coloca a sua frente outra vez, requerendo uma solução para o problema.

Cortar partes da cruz para aliviar o peso não parece ser muito sensato, embora vários indivíduos se achem espertos demais e acabem burlando o que não pode ser burlado.

Você terá de recolher as partes cortadas e colocá-las de volta para seguir em frente com o problema, pois essa é a sua prova e deve ser levada até o fim.

Já imaginou o que aconteceria se Jesus tivesse deixado a cruz no meio do caminho?!

Prossiga, o problema requer solução, e é você quem vai encontrá-la.

100

Venerado seja entre todos o matrimônio.
(Hb 13,4)

A vida conjugal não é algo que você deva temer.

Viver sozinho pode ser uma opção, porém, precisamos um do outro para nos preencher a vida.

Sem a companhia de alguém sentiremos o peso da solidão, amargurando-nos o coração.

A existência parece ficar sem sentido.

O brilho dos olhos diminui.

A expressão do rosto perde a suavidade, e a vida em sociedade, de certo modo, nos faz sentir deslocados diante dos casais a nossa volta.

Essa observação não cabe aos que optaram por uma vida missionária, em que se dedicam ao bem dos semelhantes. Ou à vida monástica.

Não tema unir-se a outra pessoa. Escolha bem.

O ser humano nasceu para amar e ser amado. Ter a companhia e ser a companhia de alguém, é algo maravilhoso.

Felizes os que encontram a pessoa ideal para juntos viverem em comunhão por toda a vida.

101

Não te digo que até sete, mas até setenta vezes sete. (Mt 18,22)

Não alimente sentimentos contrários à fraternidade: seria como jogar combustível sobre uma pequena chama, cujo fogo irá aumentar de grau e em intensidade.

Quem se "queima" é você. Ou seja, os reflexos do que esteja sentindo, vibrando em relação ao outro, passam primeiro por você, para depois seguir em direção ao alvo.

Você é o emissor.

Se o outro não estiver na condição de receptor, a carga negativa voltará de onde partiu.

Se vier a sentir raiva, que ela seja passageira, sem alimentá-la contra quem quer que seja.

Perdoe. Você só tem a ganhar.

Os sentimentos negativos que se alojam na alma só fazem mal e trazem infortúnio.

O ressentimento perde força quando o amor ocupa o seu verdadeiro lugar, substituindo o que não seja realmente bom.

Mas isso depende unicamente de você

102

Porque para Deus nada é impossível. (Lc 1,37)

O pessimismo é como erva daninha, se não o cortar da sua vida, ele tomará conta do espaço onde a esperança se abriga.

Permitir que ele se alastre e sufoque suas expectativas só fará com que o terreno dos seus sonhos deixe de produzir os frutos da alegria, do estímulo e da vitalidade.

Seja mais otimista. Onde está sua fé em dias mais favoráveis?

Se você sustentar uma postura derrotista, a fluidez da vida ficará estagnada. Seus projetos, ideais e perspectivas se limitarão ao seu estado de espírito. Nada pode dar certo assim.

Não importa como está o cenário econômico. É necessário fazer algo por si mesmo, reinventar-se, usar de criatividade para que, quando ele mudar, você esteja de alguma forma preparado.

O abatimento, em face das dificuldades do momento, não é justificativa para deixar de acreditar que tudo irá melhorar. É apenas uma questão de tempo. Abaixo o pessimismo.

103

Como o Senhor vos perdoou, assim também fazei vós. (Cl 3,13)

A geração atual tem sido marcada pela intolerância em todos os âmbitos.

O desrespeito tem levado à banalização da vida. A barbárie se alastrou pelo mundo contemporâneo, nada muito diferente das já praticadas contra a humanidade.

Todavia, o bem é a única arma de combate contra o *príncipe deste mundo*, mencionado por Jesus. Que só ganha força quando encontra pessoas que se deixam enveredar pelos becos da intransigência e da maldade.

Precisamos melhorar nosso relacionamento interpessoal, saber acolher o outro na condição de irmão, contudo sem pactuar com seus erros.

A rigidez de caráter nos leva à incompreensão e impaciência no trato com nosso semelhante, o que só piora as relações.

Tolerar é o primeiro passo para entender que sem tolerância a sociedade mergulha no caos.

104

*Aquele que duvida é semelhante às
ondas do mar. (Tg 1,6)*

A inconstância só irá atrapalhar a sequência do aprendizado e a realização dos seus projetos.

Titubear é natural, quando não se sente totalmente seguro sobre algo.

Pode ser o medo de que as coisas não saiam como imaginou; medo de fracassar e se decepcionar.

A confiança produz uma força geradora de deslocação de algo que ainda está por vir.

Se for inconstante na confiança de que dará certo, de que irá conseguir, o que estiver a caminho diminuirá a velocidade ou irá parar durante o percurso até você.

A sua inconstância na fé limita o movimento do que está aguardando.

Pessoas inconstantes paralisam o fluxo de suas vidas ora acreditam, ora duvidam.

Seja constante na fé, em qualquer situação.

Você não vê, contudo, há uma corrente de bênçãos chegando até você.

105

Pois eu assim corro, não como coisa incerta.
(1Cor 9,26)

Estabeleça uma meta.
Distrair-se com coisas que não agregam valor aos seus objetivos é desperdício de tempo e energia.
Foque no que você quer. Sem fazer com que seja uma obsessão, apenas mantenha o foco.
Estude, pesquise, se informe, busque o máximo de informações a respeito do que busca.
Tenha um propósito sério.
Você pode e deve relaxar, para evitar a tensão, porém mantenha-se com os olhos fixos, olhando para frente...
O agora passa rápido, mas convém pensar no que virá depois para que não fique desprevenido. No entanto, contenha-se.
Não fique ansioso. Ser focado não é ser neurótico.
O empenho contínuo pode não ser garantia de conquista imediata, mas o prepara para ela.
Determinação é o que faz o vencedor cruzar a linha de chegada. Quem sabe aonde quer chegar não anda em círculos.

106

*Conheço tua conduta: não és frio
nem quente. (Ap 3,15)*

Se não ouvir não vai conseguir entender.
É fácil criticar quando o objeto de nossa atenção não é o que está sendo transmitido.
Precisamos ser honestos conosco e com os outros. Apurar os ouvidos para atentar só ao que nos interessa é, antes de tudo, uma atitude egoísta.
Dar atenção aos que nos falam, perguntam ou contestam é saber respeitar-lhes, pois no momento oportuno também teremos a oportunidade de expor o que pensamos.
A indiferença para com os que nos confiam algo em conversação, além de não ser um comportamento educado, revela falta de amor para com o próximo.
Ser ignorado não é uma situação agradável, principalmente quando mais precisamos que alguém nos escute. Por isso, ignorar quem se dirige a nós é faltar-lhe com a devida consideração.
Nem mesmo o mal deve ser ignorado, contra ele devemos nos posicionar.

107

Não se turbe o vosso coração, nem se atemorize. (Jo 14,27)

Desenvolva a capacidade de criar laços de amizades que durem por toda a existência.

Amigos de verdade são como membros da família e, com eles, podemos contar.

Criar laços não é ser dependente afetivo dessa ou daquela pessoa. Sim, é estar conectado com ela, de forma que se sinta feliz e confortável em sua presença.

Se enfrenta dificuldades em fazer amizades sinceras, certamente tem alguma ferida nesta área. A mesma reflexão vale para o relacionamento amoroso. Se encontra barreiras para iniciar ou manter uma relação, ainda que seja correspondida, não deixe de analisar o motivo que o impede de se entregar a esse sentimento pelo outro.

Bloqueios podem ser quebrados.

Traumas podem ser superados.

Desconfianças podem ser vencidas.

O medo de se ferir pode ser curado quando existe amor.

108

Sabei tirar proveito do tempo presente.
(Cl 4,5)

Algumas oportunidades são únicas.

Quantas vezes já perdeu alguma por mero capricho, desatenção ou orgulho?

Ao deixar escorrer entre os dedos as chances que a vida lhe proporcionou para que atingisse os fins desejáveis, você precisou percorrer um longo percurso até que a próxima ocasião favorável chegasse.

Outras não tornarão a voltar. Já passaram.

Isso não significa que não terá mais chances, apenas que as que vierem poderão não ser como a que se perdeu.

As tentativas fazem as oportunidades.

Parar para se lamentar não modificará o quadro atual.

O surgimento de novos ensejos, a partir de agora, precisam ser bem aproveitados.

Quem se atrasa perde o ônibus, o voo, a carona. Fica para trás e terá de aguardar a próxima oportunidade.

A vida é movimento ininterrupto. Acompanhe o ritmo dela para não ficar para trás.

109

Se alguém não tem cuidado dos seus, e principalmente dos da sua família, negou a fé.
(1Tm 5,8)

Pare um instante e avalie a situação.
O trabalho é importante, indispensável. Os estudos, igualmente, são de suma importância. O *happy hour* com os amigos ajuda a descontrair-se.

Mas a agitação não permite que reserve um tempo para você estar com sua família?

Se encontra tempo para essas e muitas outras atividades, por que a família fica de fora?

Você não casou com o trabalho nem com os amigos. Seus filhos não são os estudos, nem os *happy hours* nos fins de tarde

Não é proibido nem errado ocupar-se com outros compromissos, só não os troque por aqueles que estão em casa.

Esposa e marido, bem como os filhos, são o primeiro compromisso. Nada nem ninguém os substituem. Se assim for, alguma coisa não vai bem.

Família é um bem sagrado. Não a troque por nada. Arranje tempo para tudo que queira fazer, e dedique um tempo maior à sua família.

110

*Quem é fiel no mínimo, também
é fiel no muito. (Lc 16,10)*

A fidelidade aos bons princípios à luz do Evangelho deve ser a conduta de todos que seguem Jesus.

Não há lugar para inadequações quando decidimos seguir pelo caminho traçado pela vivência cristã, que nos convida a ser coerentes com o que pregamos e ensinamos.

Por menor que pareça o seu gesto de amor, certamente, ele atestará a sua fidelidade quando for chamado a experimentar um gesto ou atitude ainda maior no devotamento ao Supremo Bem.

A nossa relação com Deus deve ser sincera, firme e incorruptível.

Não espere que o mundo o recompense por isso, porque na verdade ele não poderá fazê-lo, pois somente Deus dá aos obreiros do bem o salário justo e digno sem nada exigir em troca.

Tenha certeza de que a sua decisão em estar na companhia do Alto é a mais acertada das decisões.

Conserve essa Companhia.

111

Mas tende bom ânimo, eu venci o mundo.
(Jo 16,33)

Fugir da realidade não fará com que ela se altere.

Não crie fugas para evitar os problemas que surgem. O enfrentamento de qualquer dificuldade requer presença de espírito e é necessário não se dobrar diante dela.

Abandoná-la é atestar incapacidade ou covardia, seria ainda afirmar que o problema não tem solução.

Se precisa encontrar uma saída para ele, a melhor forma de abrir uma porta é enfrentá-lo. Do contrário, ele não terá um desfecho.

Ao descuidar do terreno pedregoso onde pretende levantar uma construção, o mato tomará conta. E você terá um trabalho a mais para limpá-lo.

Deixar para depois não ameniza a situação.

O problema se avoluma, toma forma, porque você deixou de combatê-lo.

Acredite em Deus e em você, que a solução aparecerá. Se deixar que as coisas se resolvam por si, a resposta pode não vir.

112

Fazei todas as coisas sem murmurações nem contendas. (Fp 2,14)

Reclamar não irá ajudar em nada. Mantenha o foco na solução. Se ainda não a encontrou, procure por uma, pois ela sempre aparece.

Parar para fazer queixas é desperdício de tempo, e o tempo não deve ser desperdiçado com coisas que não acrescentam.

É importante saber lidar com as situações que exigem resiliência e certa dose de criatividade para poder solucioná-las com tranquilidade.

Jogar para frente o problema ou simplesmente deixá-lo de lado não ajudará a livrar-se dele.

Queixas não solucionam problemas.

Às vezes, não se encontra uma saída para eles, não porque não tenham solução, mas porque aumenta-se o seu tamanho, alimentando-os com o tóxico da lamúria.

As adversidades sempre surgirão. Contudo, é preciso saber driblá-las. Da mesma forma que você sempre encontrará uma pedra no caminho.

113

Todas as coisas foram feitas por ele. (Jo 1,3)

Contemple e respeite o meio ambiente. Sem ele o mundo mergulharia no caos.

Não haveria como extrair as fórmulas dos medicamentos.

A água, fonte de vida, se escassearia.

Não haveria alimentos para servirmos à mesa.

Não haveria mais chuva se os mananciais de água, rios e mares deixassem de existir.

O ar que respiramos não seria mais o mesmo. Respiraríamos somente poeira e outras impurezas.

Para trazer conforto e praticidade à vida humana, não é preciso destruir a natureza.

Não é só a espécie humana que estaria em jogo, a vida animal também se extinguiria.

O mundo não foi feito somente para nós seres racionais, pois os seres tidos como irracionais, igualmente, têm o mesmo direito à vida no planeta.

Progresso que destrói e mata é retrocesso.

Na natureza tudo funciona de forma perfeita. Ela se autossustenta, sem precisar de influências externas. Porém, precisa ser preservada.

114

O homem bom, do bom tesouro do seu coração tira o bem. (Lc 6,45)

Você vê, primeiramente, os pontos negativos antes de enxergar os positivos? Então trabalhe melhor a sua forma de pensar. Você se condicionou a ela. Saia do negativismo.

Colocar obstáculos à frente do que pode ser visto livremente, sem embaraços, é pôr em dúvida de que algo dará certo.

Não condicione o seu trabalho ou uma situação a seu ponto de vista, por sinal, pessimista.

Para que esgotar as possibilidades antes mesmo de experimentá-las?

Pode ser algo inconsciente, mas é importante que corrija essa falha em você. Este pode ser, senão o principal, provavelmente o único entrave que tem atrapalhado, impedindo que as coisas comecem a dar certo.

Faça uma autoanálise tanto na forma de pensar como de expor seu pensamento. As suas palavras precisam estar alinhadas com o que é positivo. Reavalie-se. Mude.

115

Ame a sua própria mulher como a si mesmo, e a mulher reverencie o marido. (Ef 5,33)

A pessoa certa aparecerá quando você menos esperar. Nem sempre aquela que julgava ser o amor da sua vida, o será realmente.

O coração, às vezes, se engana. E você depositou seus sentimentos em quem não os merecia. Por isso se decepcionou.

Considere que entre paixão e amor existe um percurso a ser seguido, cuja finalidade é chegar ao coração do outro. Após a chegada, convém saber diferenciar um sentimento do outro para não se decepcionar. Em alguns casos isso é quase impossível de se evitar.

Até que o amor verdadeiro chegue, experimentará muitos sentimentos que podem confundir o coração.

Apenas tenha consciência de que atração física e sensações não são amor. Que toques nem sempre têm o mesmo efeito que carícias. E que palavras bonitas nem sempre correspondem a sinceridade.

Tome nota: paixão não é amor.

116

Vós sois a luz do mundo. (Mt 5,14)

Você tem luz. Deixe que ela brilhe.
Não seja como o vaga-lume que pisca e pisca sem que sua luz seja constante. Essa é a natureza dele, não a sua.
Mantenha a luz interior acesa.
Que as sombras da corrupção do mundo jamais a possam encobrir ou apagar.
Luz do espírito que reluz no olhar, na fala, nos gestos, em ações e atitudes.
Seja luz por onde passar para que outros também possam se iluminar.
Nem todos estão no mesmo grau de evolução e iluminação, porém, aqueles que estão à frente podem fazer com que os demais possam beneficiar-se com a luz que deles irradia.
A energia que mantém reluzente a luz que há em você, vem do amor, do equilíbrio, da oração.
É a luz de Jesus. Seja um instrumento Dele, e expanda luminosidade.
A luz dos holofotes da vaidade é artificial, mas a que existe em cada pessoa é verdadeira.

117

Largo e espaçoso é o caminho que conduz à perdição. (Mt 7,13)

Escolha o bom caminho.
Poderá até ter dificuldades para seguir por ele, no entanto, não desista de seguir em frente.
Outros caminhos, embora aparentemente fáceis e sedutores, não o levarão a lugar algum, só às decepções.
Quem caminha sob a claridade do bem, não perde os passos.
Quanto àquele que segue por estradas largas, sem se importar com a falta de luminosidade, é porque se acostumou à escuridão.
Aqueles que direcionam os passos em busca da própria iluminação, mesmo enfrentando muitas adversidades ao longo da caminhada, não param para olhar o que ficou para trás.
O seu caminho deve ser seguro. Com segurança na certeza de que sem amor não pode haver paz de espírito.

118

Todos tropeçamos frequentemente. (Tg 3,2)

Falar da vida alheia é ficar alheio aos próprios defeitos.

Corrija-se. Analise se comentários, ainda que aparentemente inocentes, merecem ser feitos.

Todas as vezes que falamos dos outros faltando com a caridade, não estaremos sendo diferentes deles.

Ao usar a força da palavra, nós entramos em conexão com a energia de quem estamos falando.

Quem se acostuma a pronunciar palavras amargas e ferinas não sabe a extensão que elas alcançam.

Isso não significa que não se deva criticar o que esteja errado. Mas deve-se combater a causa, e não a pessoa.

Evite o fel nas observações.

Quando falar sobre alguém, procure ressaltar o lado positivo. Se for criticar, faça-o pessoalmente, mas de maneira que não ofenda.

A verdade pode ser dita, contanto que seja de forma respeitosa.

119

A oração fervorosa do justo tem grande poder. (Tg 5,16)

Inicie o dia com a força e a luz da oração.

Peça as bênçãos do Alto para as suas atividades. Ninguém sabe como irá terminar o dia, ou, se poderá vê-lo chegar ao fim.

Precisamos estar cientes de que, sem a proteção divina, nada somos ou podemos por nós mesmos.

Somos dotados de capacidades hauridas no curso da existência, porém, Deus é quem nos favorece, estendendo-nos mãos paternais e amigas.

Ore com fervor. Se possível, permaneça por alguns minutos com o pensamento elevado à fonte de Amor inesgotável, mentalizando todo o seu ser, sendo por ele envolvido.

Agradeça por mais esta página da vida que se inicia. Ore para que ela possa ser melhor que a anterior.

Coloque-se sob a proteção do Divino Senhor, e peça sabedoria, fé e muita força para os possíveis embates que poderão advir.

Não se levante da cama sem, antes, orar.

120

Deus nos dá a vitória por meio de Nosso Senhor Jesus Cristo. (1Cor 15,57)

A crise tende a passar. Seja ela financeira, emocional, profissional ou psicológica.

Apenas não fique preso a ela, como se não houvesse mais luz no final do corredor, que ficou escurecido por causa da fase ruim.

Existe uma saída. A porta por onde entra a crise é a mesma que faz com que ela saia.

A onda de negatividade pode tornar os acontecimentos ainda mais prejudiciais do que se mostram.

Deter-se em comentários dessa natureza não ajudará. O peso da situação parece ficar cada vez mais insustentável.

Há esperança.

A situação irá se reverter. Mas não fique parado, aguardando, sem fazer algo, para que ela, ao menos, seja amenizada.

Vá em busca de melhorias, de alguma providência que possa trazer-lhe algum alento material ou emocional, dependendo da sua necessidade atual.

121

Voz do que clama no deserto. (Mt 3,3)

Sente-se perdido, como se estivesse em meio ao deserto?
Está sedento, faminto e desorientado?
Acalme-se.
O norte verdadeiro encontra-se na mensagem do Cristo. Por meio dela, você pode se guiar e chegar a um oásis de paz e esperança.
O mundo não pode oferecer-lhe um lugar seguro, onde possa realmente ser livre e feliz.
A paz de espírito que almeja nenhum bem material consegue proporcionar.
Quando ouvir se referirem a Jesus como o modelo e guia, essa referência diz respeito Àquele que conduz, que vai à frente, direcionando para o caminho certo, na grande jornada da existência.
Sem Ele, não conseguimos chegar ao destino, cuja finalidade é o amor, e o amor cura, salva e nos leva ao Reino de Deus.
Inicie já a sua jornada espiritual e se deixe conduzir pelo Cristo.
Se assim fizer, você será bem-aventurado.

122

Porque bem sabemos que a Lei é espiritual.
(Rm 7,14)

Na vida em sociedade quem desobedece à lei responde por sua desobediência.

Se num mundo imperfeito funciona dessa maneira, por que em relação à Lei Divina seria diferente?

O sofrimento humano é resultado da desobediência a essa Lei. Não haveria a necessidade de sofrer se o homem vivesse o amor, em cumprimento ao seu crescimento interior.

Por isso, as aflições fazem parte do contexto humano como forma de despertar-lhe a busca pelo aprimoramento moral.

Aparar as arestas que o impedem de ser melhor do que tem sido até então, eis o seu dever. Pois a Lei espera que todos se alinhem ao chamado do bem, para que o mundo seja renovado.

Os padecimentos e dissabores existentes no planeta não são nada se comparados às alegrias da vida espiritual, ou às tormentas que poderá encontrar se não viver consoante a Lei.

Exercite o amor todos os dias de sua vida.

123

Acautelai-vos, que ninguém vos engane.
(Mt 24,4)

Tome cuidado ao dar conselhos.

Há quem espere apenas por uma frase para tomar uma decisão. Ou seja, ouvir o que deseja para logo depois tomar impulso para fazer o que tem em mente.

Existem pessoas tão inseguras que para dirimir dúvidas necessitam da opinião dos outros, isto é, querem que os outros decidam por elas.

Tenha sensatez ao fazer juízo sobre algo ou alguém. O mesmo se aplica aos conselhos que possa receber, particularmente os que não foram solicitados.

O bom senso recomenda cautela.

Nós somos passíveis de ser influenciados tanto quanto influenciamos, às vezes, direta e indiretamente, para as coisas boas e para as más.

Tenhamos mais cuidado com os palpites ou pontos de vista.

Uma opinião ou conselho mal interpretado pode causar danos irreversíveis, dependendo da intenção de quem o dá e de quem os recebe.

124

*E não murmureis, como alguns deles
murmuraram. (1Cor 10,10)*

Não divulgue seus sofrimentos.
Propagar a dor por meio de palavras é aumentar-lhes a proporção.
Se espera obter a piedade das pessoas por causa dos seus dissabores, estará se declarando vítima.
É preciso ser resiliente, colocar-se de pé e não se prostrar diante das dificuldades.
Jamais queira que fiquem com pena de você. Não precisa disso.
Você é filha e filho de Deus, e Ele lhe dará a redenção dos seus problemas.
Quando passa a ficar com pena de si mesmo, é porque está se vendo como uma pessoa impotente, fraca e incapaz. E você não é assim, pois do céu desce toda força que o capacita.
Não se sinta no abandono.
Evite comentar sobre seus problemas como se todos devessem saber que sofre. Eles precisam diminuir e ser solucionados, não divulgados.

125

*De uma mesma boca procede bênção
e maldição. (Tg 3,10)*

A palavra que liberta também condena.
Condena a sua vida às limitações impostas pelo que externa por meio da fala. Mas também liberta você dos atavismos, das heranças negativas da sua árvore genealógica.
Os pais precisam ter muito cuidado com o que falam aos filhos. Jamais os maldiga.
Por isso ore por seus antepassados, pedindo a iluminação deles no mundo espiritual.
Cure sua árvore genealógica. Existem em suas raízes *maldições* que ainda precisam ser quebradas. Faça com que agora, a partir de você, essa árvore possa florescer e dar bons frutos
A vida é para ser de bênçãos.
O que se faz e diz hoje poderá se refletir futuramente na vida dos filhos, netos e bisnetos.
Desconhecemos o que aconteceu durante nossa gestação. Não sabemos a que fomos expostos ainda no ventre materno. As "heranças" espirituais que trazemos, têm forte influência em nossa vida.

126

Os olhos do Senhor estão sobre os justos.
(1Pe 3,12)

Você que está à frente de algum serviço religioso, seja dedicando espontaneamente parte do seu tempo, servindo ao Cristo ou auxiliando o semelhante, deve ficar mais atento. Policie-se.

Se você ocupa alguma atividade de destaque, pela força do trabalho que ajuda a desenvolver, *não toque trombetas diante de si.*

Há indivíduos que, embora estejam dentro de um movimento cristão, não aprenderam de todo a serem humildes. Ignoram companheiros, evitando cumprimentá-los. Andam com olhar altivo sem se importarem com a presença dos mais simples. O Evangelho para eles é apenas para ser aplicado aos outros, pois se acham iluminados demais para gestos de humildade, educação e fraternidade.

E há os que são como pavões, que apreciam as penas multicoloridas para chamar a atenção. Mas quem engana a Deus? Estas pessoas só falam, mas não vivenciam o Evangelho que pregam, e pensam estar fazendo muito. Mais cristianismo. Menos exibicionismo.

127

Em tudo somos atribulados, mas não angustiados; perplexos, mas não desanimados. (2Cor 4,8)

Qual o sentido da vida? Não sabe? É porque você ainda não deu um sentido a ela.

Muitos se perdem no vazio, como se estivessem dentro de uma imensa bolha de ar, flutuando, sem poder sair.

Permanecer assim é viver sem estímulo, absorto dentro do próprio mundo.

Quando pensamos só em nossos projetos que não se realizaram, e nos esquecemos de fazer algo em prol de alguém, mergulhamos nesse vazio que nos faz perder o interesse pelas coisas mais simples. A desmotivação enfraquece qualquer possibilidade de seguir em frente.

Experimente dedicar-se a um trabalho voluntário. Coloque-se à disposição de uma causa nobre, que vise despertar o sorriso nas pessoas.

A vida tem um novo sentido quando entramos em contato com a realidade do outro.

Faça alguma coisa para que a desmotivação não o leve à depressão.

128

Se pedirdes alguma coisa em meu nome, eu o farei. (Jo 14,14)

Diversas vezes nos decepcionamos com as pessoas, principalmente, com aquelas que poderiam de alguma forma nos ajudar e se omitem por não quererem nos prestar benefício.

A impressão que dá é que não querem nos ver levar vantagem sobre algo que estamos precisando, que nos faria bem.

No entanto, se fecharam uma porta, outras tantas podem ser abertas quando entregamos a nossa vida nas mãos de Deus.

Se contrariedades persistem em minar nossas melhores esperanças, adiando a solução para nossos problemas ou barrando o andamento de coisas que nos são necessárias, o melhor a fazer é confiar na Providência do Alto. Ela jamais nos abandona. Pelo contrário, deseja o nosso bem, sem cobrar nada por isso.

Se pessoas próximas ou distantes das suas relações não agem dessa forma, não fique preso a melindres, pois com Deus você pode contar.

129

Esforçai-vos com dedicação cada vez maior.
(2Pe 1,10)

A vida é esforço contínuo.
Esforçamo-nos para que a existência não seja enfadonha, triste e vazia.
Trabalhamos para ganhar o pão de cada dia.
Lutamos para restabelecer a saúde ou conservá-la, vivendo de forma equilibrada.
Desde os primórdios da humanidade o homem luta para se manter. Nossos ancestrais, os homens das cavernas, deviam caçar para se alimentar. Esforço fazia parte da sobrevivência.
Nos dias atuais, o esforço não se extinguiu ainda que tenhamos tudo ao nosso alcance, ele faz parte da vida humana. Sem ele não progrediríamos.
Em todas as situações, ele nos leva ao aprendizado, às conquistas e ao despertar da consciência.
Não existe êxito sem esforço.
Unido à fé e à perseverança, ele é o propulsor das realizações.

130

Não façais da casa de meu Pai uma casa de comércio. (Jo 2,16)

Viva o Evangelho, e não do Evangelho.
"Profissionais" da fé são aqueles que colocam o profano acima do sagrado, os bens materiais à frente dos bens espirituais.
Infelizmente há quem ainda não compreendeu a mensagem do Mestre Nazareno, e faz um comércio exacerbado, tendo como pano de fundo a Boa-Nova.
A cura, que só o amor é capaz de promover, ainda não chegou à consciência nem ao coração dos que assim procedem.
Jesus, o Ungido de Deus, ainda segue sendo vendido por tantos outros *traidores*, com promessas mirabolantes, exaltando mais o contexto material do que o espiritual nas pessoas.
Acostumaram-se a profanar a Palavra Divina, adequando-a aos interesses e conveniências materialistas, enquanto o reino da alma fica esquecido. Mas Jesus é o centro das aspirações dos que se identificam com Suas palavras.

131

Mas tu, sê sóbrio em tudo. (2Tm 4,5)

A alegria deve brotar naturalmente dentro de você. Beber com a desculpa de despertá-la não é justificativa para entregar-se aos vícios.

Ela surge com a sobriedade mental e emocional. É um estado de espírito, e não uma ingestão de álcool.

Tudo que foge ao autocontrole caracteriza dependência.

Viver requer sobriedade.

Sobriedade no falar, no comer, no beber, no agir. Sobriedade emocional, nos relacionamentos, nas reuniões com os amigos e familiares.

Seja sóbrio para que não falte discernimento.

Ao se deixar prender por qualquer vício, você perde o domínio sobre a vontade, que passa a ser comandada pela compulsão e pelo desequilíbrio.

Previna-se contra os vícios. Ame-se.

Eles geram instabilidade, emperram sua vida.

Evite-os e não precisará dominá-los.

Preencha-se do amor que transforma, traz paz e alegria verdadeira.

132

Não rejeiteis, pois, a vossa confiança.
(Hb 10,35)

O pensamento positivo ajuda, no entanto, não fique só no campo da vibração mental; é necessário partir para a ação enquanto aguarda confiante pelo bom resultado.

Ser positivo não é permanecer parado, esperando que o seu desejo se materialize à sua frente. É trabalhar confiante, sem medir esforços para que ele se realize.

Sim. Pense positivo.

Uma pessoa positiva enxerga possibilidades onde outros veem improbabilidade. Visualizam a conquista quando muitos apenas a desejam, sem acreditar efetivamente que a terão.

Positivo é alguém que acredita existir algo de melhor por detrás do véu, através do qual outros imaginam um cenário desfavorável.

Eduque a sua mente para visualizar coisas boas.

Ninguém perde por pensar no melhor, por vislumbrar um cenário de felicidades.

Pense e aja positivamente.

133

Empenhai a vossa honra em levar vida tranquila. (1Ts 4,11)

Celebre a vida. Reúna a família, os amigos para passar momentos alegres e descontraídos. Não se esqueça de convidá-los também para uma reunião onde possam falar sobre as coisas de Deus.

Louve a existência, fazendo de cada dia o melhor que puder, sem se deter na observação de fatos tristes, trágicos ou violentos.

Não abrace a cultura da morte, tribulação e das injustiças espelhadas pelo mundo. Isso, porém, não significa fechar os olhos à realidade; apenas não foque nesses fatos.

A sua saúde emocional e psíquica deve ser preservada.

Notícias com teor calamitoso trazem uma carga de negatividade que poluem a psique humana, impregnando a aura de cores escuras.

Ocupe o tempo com coisas agradáveis de se ver e ouvir. No meio em que estiver, enalteça a vida saudável e a prática de atitudes que gerarão conforto e tranquilidade.

134

Vai em paz, e sê curada deste teu mal. (Mc 5,34)

Para avançar com harmonia, sem olhar para trás, você precisa resolver o seu passado.

Questões mal resolvidas agem como uma bola de ferro presa aos pés, que o impede de sair do lugar.

Se tem algo no pretérito que o incomoda, então o melhor a fazer será resolvê-lo de uma vez.

A barreira pode estar dentro de você, aguardando que a derrube. Pode ser remorso, mágoa, desilusão. Não importa qual seja a ferida aberta, ela ainda sangra e precisa ser fechada. Não fique atrelado ao problema.

Não jogue o aborrecimento para debaixo do tapete. Você terá de voltar para tirá-lo de lá.

Adiar a solução de assuntos que trazem incômodo, é sofrer por tempo indeterminado, até que tenha coragem para pôr um ponto-final na questão.

Levante o tapete, e varra para fora todo lixo emocional e viva leve e alegremente, sem ter que se preocupar com o que deixou para trás.

135

O amor é sofredor, é benigno; o amor não é invejoso. (1Cor 13,4)

Ame. Não pense na rejeição por não se sentir abraçado pelos outros.

Ame. Quem encontrou o amor não se sentirá totalmente sozinho, porque dentro de si vibra o mais belo e forte dos sentimentos que já conheceu.

Perdoe. No início pode não ser fácil, mas, se exercitar, verá que você tem muito a ganhar com o perdão. Quem ama perdoa.

Compreenda. A compreensão ajuda a evitar a queda em muitos erros. Por meio dela percebemos quão frágeis somos, ao presenciar os erros dos outros.

Tolere. A tolerância nos motiva a exercitar a paciência, virtude esta, ainda tão escassa em nós.

Vigie. Ser vigilante não é ser desconfiado, é estar atento para não vacilar diante das tentações.

Doe-se. Quem doa de si para os semelhantes exerce a máxima do Cristo: amai uns aos outros, assim como eu vos amei.

136

Sede firmes e constantes. (1Cor 15,58)

É apenas uma fase, e vai passar!

Há momentos na vida em que o mar parece tão revolto que não conseguimos remar em direção à terra firme. Somos tomados então do temor que nos leva a pensar que o fim se aproxima.

Depois de tanto lutarmos para que o barco não afundasse, surge a calmaria, e percebemos que não estávamos muito distantes da praia.

A fase ruim também vai passar, porém não deixe de remar, de trabalhar para que o amanhã seja vitorioso. Se desistir de tentar, lutar e acreditar será vencido pelas circunstâncias.

Não deixe o barco virar.

Mesmo que não veja que está a poucos metros da vitória, continue se esforçando para vencer as tempestades que, muitas vezes, o impedem de chegar ao lugar pretendido.

Se o desânimo bater à sua porta, não o deixe entrar. Sem ânimo, torna-se penoso e difícil o enfrentamento das adversidades que surgem pelo caminho. Vai passar!

137

Todas as vossas coisas sejam feitas com amor.
(1Cor 16,14)

Todos nós temos uma missão a desempenhar. Por menor que pareça, com ela você tem algo para realizar.

A nossa evolução requer que estejamos inseridos em um programa de crescimento, que visa o bem de alguém ou de uma comunidade inteira.

Alguns podem até indagar qual seria a sua missão, uma vez que não estão à frente de trabalhos expressivos. Porém, ela pode estar unicamente dentro de casa, na criação e educação dos filhos. Outros estendem suas atividades, quando se somam a pessoas que promovem o bem de tantas outras.

Indivíduos há que nascem com missão específica; eles desenvolvem trabalhos nas mais diversas áreas, ajudando a transformar vidas.

Descubra o seu lugar e ajude a melhorar a família, o bairro, a cidade, o país e, quem sabe, até o mundo.

Não importa, apenas esteja disposto ao serviço.

138

Digo-vos que não sabeis o que acontecerá amanhã. (Tg 4,14)

Como você encara o futuro? É verdade que ele é tão incerto quanto os números de fios de cabelo em sua cabeça, entretanto, nem por isso deve ignorá-lo.

Viver hoje e pensar no amanhã é uma forma de se precaver contra surpresas desagradáveis. Trabalhe. Estude. Agregue ao seu cabedal de conhecimentos o máximo de valores que puder. Não se esqueça, porém, de pedir, antes de tudo, para que Deus lhe conceda sabedoria.

Uma coisa é ter conhecimento. Outra é ter sabedoria. Juntos, traduzem-se nas maiores riquezas que o ser humano pode adquirir.

O conhecimento liberta, tira o homem da caverna. Ao utilizar o que conhece, ele precisa fazê-lo com sabedoria e discernimento.

Por isso, cuide para que o seu futuro seja promissor. Idealize-o desde agora, plantando coisas boas no terreno da existência, para que saiba o que irá colher no porvir.

139

Que o Deus da esperança os encha de toda alegria e paz. (Rm 15,13)

Escreva um diário da esperança.
A noite passada eu não consegui dormir. Preocupações tomaram conta dos meus pensamentos, a aflição intoxicou-me o cérebro e não consegui fechar os olhos para o sono reparador.

Mas hoje é um novo dia!

Sei que, revigorado na esperança, encontrarei uma solução para os problemas que me afligem. E, se não for hoje, será amanhã!

O que não posso, e não devo, é desistir de acreditar em um momento favorável, porque nada na vida é estático, tudo está em constante movimento.

As transformações se operam de forma silenciosa, mas significativa.

Pensar assim contribui para que o estado de ânimo seja mais forte que qualquer contrariedade que se oponha ante as expectativas de melhoria.

Projete isso para sua vida. Acredite no triunfo, jamais na derrota.

Com otimismo, tudo fica mais fácil.

140

Se vivemos em Espírito, andemos também em Espírito. (Gl 5,25)

Pensar somente nos prazeres da vida, sem reservar um tempo para sua espiritualidade, é estacionar espiritualmente.

Ninguém ignora que o lazer é importante, que momentos de descontração e alegria fazem parte da nossa saúde mental e emocional. Contudo, a vida não é só festa.

Descontrair não é distrair-se indefinidamente, sem que tenhamos disponibilidade para uma atividade que traga paz, vigor e vivacidade interior.

Seja qual for a sua crença ou filosofia de vida, no que concerne à sua interioridade, ela precisa ter uma sequência.

Abandoná-la para se entregar a uma vida profana, é desconsiderar a importância de Deus.

Estar ligado a grupos com ideais caritativos e religiosos não é anular-se para a vida de relação com outras pessoas. Pelo contrário, sua convivência com os outros será mais enriquecedora, consciente e prazerosa.

141

*Antes sede uns para com os outros
benignos, misericordiosos. (Ef 4,32)*

A raiva só faz mal para quem a cultiva.
Quantas noites de sono você perdeu por causa de sentimentos negativos em relação a alguém? Aquela sensação de estar sendo corroído por dentro, a ponto de tirar a sua paz, com lembranças que fazem aumentar o mau pensamento.

E você não consegue esquecer a ofensa, o desaforo, a traição, o desrespeito, a humilhação, enfim, algo de ruim que fizeram a você.

Experimente orar pelo ofensor. E por você também. Peça que a Divina Misericórdia tire esse sentimento de você. E perdoe!

Quem está acostumado a distribuir ofensas nem sempre entende que faz algo de errado.

E sofre mais o ofendido do que o ofensor. Sofre porque fica ligado àquela energia negativa que involuntariamente absorveu.

Não fique com raiva de ninguém. Você é superior a tudo isso. Liberte-se dos males que atormentam a alma e viva feliz.

142

*Porque vivemos por fé, e não pelo
que vemos. (2Cor 5,7)*

Os sonhos podem se tornar realidade! Desde que acredite neles e se esforce para que essa realização aconteça.

Jamais descreia da sua capacidade, muito menos do poder de Deus em sua vida.

Com fé e paciência muitas coisas são alcançadas.

Elimine do seu vocabulário toda palavra contrária ao sucesso.

Policie o pensamento para que, diante das barreiras, não as considere maior que o seu desejo em superá-las.

Não se sinta incapaz.

Dissipe a sombra de dúvida, ainda que, de momento, tudo pareça conspirar para que não tenha êxito.

Cultive a meditação e a prece em sua vida, pois elas proporcionarão luz em seu caminho.

E lembre-se de que a cruz que possa estar carregando não representa essencialmente um peso, mas uma oportunidade de aprendizado e resistência.

143

*Quem ama aos outros cumpriu
a lei. (Rm 13,8)*

Não colecione inimizades. Ninguém ganha nada com isso, pelo contrário, só atrai antipatia, olhares de repulsa e desprezo.

Trate a todos com respeito e cordialidade, educação e simpatia. Mesmo que ainda não sinta o amor verdadeiro pulsando em seu peito por algumas pessoas, não falte ao respeito com elas. E, se tiver de ajudá-la, ajude.

Quando atingimos a compreensão de que devemos fazer aos outros o que desejamos que seja feito a nós, conseguimos olhar para eles de forma diferente, com caridade e humildade.

Não deseje mal a ninguém.

Cada um se encontra num estágio de evolução e aprendizado, a Lei de Deus é imutável, e todos nós estamos sob Sua autoridade. Ou seja, não nascemos para odiar uns aos outros, e sim para amarmo-nos. Esta é a Lei do Progresso.

Preserve relacionamentos, não animosidades. Compreensão e afabilidade são ferramentas para uma boa relação com todos.

144

*A raiz de todos os males é o amor
ao dinheiro. (1Tm 6,10)*

A riqueza não é a causadora dos males praticados pelos homens. São eles próprios que, imbuídos de más intenções, fazem dela um meio para justificar suas atitudes egoístas.

Enquanto o dinheiro for colocado acima do amor ao próximo, o coração das pessoas demorará a curar-se.

Ter fortuna não é errado, mas pode ser algo nocivo se, por meio dela, você se entregar às paixões e só viver para elas.

Contudo, existem afortunados que dedicam parte dos seus bens em prol de uma causa justa e digna que irá beneficiar pessoas.

Há, igualmente, outros afortunados, que pouco possuem em termos de bens materiais, no entanto dedicam-se a cuidar do próximo, aliviar suas dores, amenizar sua fome, recuperar almas transviadas do caminho do bem.

Não é, portanto, a riqueza um mal, e sim um bem que, justa e corretamente administrado, ajuda a manter muitas vidas.

145

*E o que a si mesmo se exaltar
será humilhado. (Mt 23,12)*

Qual a razão de ser orgulhoso? Talvez por se julgar melhor que os outros.

O orgulho ocupa os espaços onde a humildade poderia fazer grandes maravilhas, grandes transformações.

Falamos aqui do orgulho da forma negativa, de um conceito exacerbado que o indivíduo tem sobre si mesmo.

Se a humildade é uma virtude, o orgulho é uma chaga da alma, que ainda precisa reconhecer-se necessitada do amor que tudo transforma.

O desprezo e a indiferença são frutos do orgulho. E o orgulhoso, achando-se acima de tudo e de todos, não consegue enxergar no outro um ser igual a si, como se fosse feito de uma composição diferente.

De fato, não há diferença entre um e outro, uma vez que vieram ao mundo pela mesma forma e possuem uma partícula do Todo, que é Deus.

Se não fosse o orgulho, muitos dissabores poderiam ser evitados ou desfeitos.

146

*Cresçamos em tudo naquele que é
a cabeça, Cristo. (Ef 4,15)*

Querer que os outros pensem como você é uma forma de violentar a consciência deles.

Em matéria de fé não se deve "forçar" a ninguém a professar a mesma crença que você.

O Mestre de Nazaré não fundou nenhuma instituição, embora houvesse feito referência a um dos discípulos, por meio do qual Sua igreja se edificaria. Logo, Ele não falava especificamente de um espaço físico, mas do devotamento e da vivência genuína dos Seus ensinamentos, cujo pilar de sustentação é o amor.

A sua vinda ao mundo foi para unir e não desunir as pessoas. E foi por causa da vaidade e da inveja que conspiraram contra o que Ele ensinava. Àqueles que assim procederam estavam contradizendo a lei que tanto diziam defender: *Não matarás...*

Não faça o mesmo em relação a seus irmãos que buscam, na fonte do Evangelho, o lenitivo, a esperança e a transformação de si próprios.

147

Onde está o Espírito do Senhor, aí há liberdade. (2Cor 3,17)

Trabalhe os seus mecanismos de defesa: a negação de tudo; a desculpa para não fazer nada; a mentira; fazer de conta que não viu ou não sabe. São muitos os mecanismos utilizados para justificar os medos, as mágoas ou frustrações.

Se você não se reconhecer necessitado de cura interior, nada irá mudar em sua vida.

A primeira reação de quem cai na água e não sabe nadar é estender os braços em busca de quem possa salvá-lo.

Não se sinta diminuído ao precisar pedir ajuda a alguém.

Esconder-se atrás de mecanismos para se preservar de algo, seja por medo, indiferença, preguiça ou complexos, não irá ajudar a resolver suas atribulações interiores. Seja mais aberto e pronto para desvencilhar-se do que o incomoda.

Ficar atrás de uma trincheira psicológica para não ser "alvejado" pelos problemas não contribuirá para a solução deles nem para seu crescimento pessoal.

148

Eis aqui agora o tempo aceitável. (2 Cor 6,2)

Utilize o tempo a seu favor. Ele pode ajudar a amenizar e a sanar as dores da alma, se souber aproveitá-lo.

Com o passar do *tempo*, as lembranças ruins tendem a não fazerem mais eco em sua mente. A intensidade delas irá diminuir até se extinguirem por completo.

Para isso você precisa relevar o que passou.

Abra o coração para que uma brisa possa adentrar, suavizando a ardência deixada pela mágoa, que ainda repercute em suas lembranças.

Não desperdice o tempo alimentando pensamentos nocivos. Aproveite-o para melhor se conhecer, espiritualizar-se, amar e ficar bem consigo.

Cuide do tempo e permita que ele, o tempo, trabalhe de forma benéfica e você seja cada vez mais feliz. Rancor e ódio não trazem felicidade.

149

*Em tudo te dá por exemplo
de boas obras. (Tt 2,7)*

Seja você uma pessoa de personalidade. Acompanhar a multidão sem saber a que finalidade se destinam as suas ações é não ter opinião própria.
Deixar-se levar pelo meio é entregar-se a um fim incerto.
Você precisa saber onde pisa.
Não acompanhe os passos dos que caminham por vias tortuosas, que em algumas situações, aparentemente, se mostram com linhas retas, ou seja, corretas ou justas.
Não se deixe enganar.
Seguir o grito da turba inflamada é ser conivente com atitudes coléricas.
Pare, pense e reflita sobre o que move você a agir da mesma maneira que os insensatos.
Em tempos de guerra, busque a paz.
Nos momentos de tensão, procure a calma.
Em dias de trevas, acenda uma luz.
Seja sempre você.
Só acompanhe os outros quando a causa for justa, pacífica e benfazeja.

150

Tudo está nu e descoberto aos olhos daquele a quem devemos prestar contas. (Hb 4,13)

Qual o peso da honestidade? Nenhum.
Embora pareça mais fácil e vantajoso optar pela deslealdade, o preço que se paga por abraçá-la não compra a consciência tranquila.
Tudo que contraria a Lei do Progresso espiritual permanece registrado em nosso psiquismo e, um dia, seremos cobrados por nossos erros conscientes.
Levar "vantagem" de forma desonesta é desenvolver desvantagem para si mesmo, pois, lá na frente, terá de se responder pelo que se fez.
Engana-se quem acredita enganar os outros. Se os enganados não percebem que foram ludibriados, a própria vida se encarregará de fazer justiça contra os enganadores.
Nada está à mercê da sorte, assim como coisa alguma escapa à balança da Justiça Divina, que, ao contrário do que se pensa, não pune, mas age com equidade e exatidão.
Na integridade só há leveza, jamais peso.

151

Não haverá mais morte, nem tristeza, nem choro, nem dor, pois a antiga ordem já passou. (Ap 21,4)

Deparar-se com a morte de um ente querido não é algo fácil de aceitar. A dor da ausência abre uma lacuna que não pode ser preenchida. Cada pessoa é um ser único, cuja substituição não poderá ser feita por mais ninguém.

Mas, ainda que doa muito a partida de quem amamos, convém não nos revoltarmos, porque a revolta não irá ajudar o ente amado em sua nova realidade...

Sim, existe vida depois desta existência!

Estamos aqui como alunos que passam longos períodos nas escolas, em aprendizado.

Pertencemos à Pátria Espiritual.

Aquele que criou a vida não reservaria o nada para nós, depois de havermos deixado o corpo.

A partida de alguém que amamos não precisa transformar-se em dor constante. Um dia também partiremos e resta-nos a esperança de nos encontrarmos no Infinito, num lugar onde a morte não existe.

152

Portanto, dai a cada um o que deveis. (Rm 13,7)

Se você não compraria o produto que vende, como quer que os outros o comprem?

No mundo dos negócios também deve haver empatia. Como você se sentiria ao perceber que alguém lhe vendeu um produto que não é bom?

Ética e honestidade devem vir antes de qualquer coisa, quando o assunto é oferecer algo a alguém.

Para que o que vende seja bom a quem compra, deve ser antes de tudo bom para você.

Se não consegue vender este ou aquele produto, é porque não se identificou com ele. Logo, um bloqueio se levanta e você não conseguirá ter sucesso como vendedor.

Se não gosta do que coloca à venda, não deveria vender. Com que energia irá conseguir conquistar os seus clientes agindo assim? Não conseguirá!

Ponha amor e gosto no que faz. Se não estiver convencido de que o que oferece é algo bom, como convencer os outros?

153

*Foge também das paixões
da mocidade. (2Tm 2,22)*

Não permita que a carência afetiva o leve a fazer uma escolha precipitada.

No amor, além da reciprocidade, deve haver sincronismo, ou seja, se ambos remarem de forma desordenada, a embarcação não sairá do lugar.

Assim acontece nos relacionamentos.

Entenda que carência excessiva tende a gerar fragilidade emocional, interferindo na capacidade de discernimento e senso crítico, o que o fará agir pelo impulso.

Ligar-se ao outro apenas para suprir carências seria admitir que qualquer um serve para um relacionamento.

Isso terá consequências.

Não nascemos para viver isolados da sociedade e, naturalmente, temos a necessidade de formar um par com outra pessoa. Por isso, este parceiro ou parceira precisa ser alguém que realmente sinta o mesmo por você.

154

*Livrem-se de toda amargura,
indignação e ira. (Ef 4,31)*

O que você acha de parar o que está fazendo e respirar um pouco?

De cabeça quente não irá conseguir fazer nada.

Dê um tempo. Mente agitada e nervos à flor da pele não ajudam a resolver coisa alguma.

Estressar-se é causar uma agressão interna, em que os órgãos, bruscamente, são bombardeados pelo estado nervoso.

Keep calm! Isto é, mantenha a calma!

Como conseguirá resolver um problema causando outro, ao prejudicar a saúde com o seu estado emocional alterado?

Não vale a pena se desgastar por tão pouco; pouco porque nada é mais precioso que a saúde física e emocional e aproveitar o que a vida tem de melhor a nos oferecer.

Tranquilize-se. Ao menos esforce-se para contornar aquelas situações ou momentos em que a ira, o mau humor ou as explosões dão sinais de aparecer. Você só tem a ganhar.

155

Pais, escrevo-vos, porque conhecestes aquele que é desde o princípio. (1Jo 2,13)

Impor limites faz parte da educação dos filhos. Não receie moldar o caráter deles ainda na tenra idade. Amor que tudo concede não é amor, principalmente, se a concessão vier um dia a se tornar prejudicial na vida deles.

Ouvir NÃO faz parte do aprendizado, mesmo que possa provocar alguma tristeza momentânea. Futuramente, verá que valeu a pena.

Amor que "passa a mão na cabeça" está mais para omissão diante do erro do que realmente amor.

Sem correção, o ser humano, independentemente da idade, tende a repetir a falta.

Amor que não sabe sobre a vida dos filhos está mais para negligência do que para amor.

Preferir que permaneçam maior tempo fora do que dentro de casa não é atitude de pais que gostam da companhia dos filhos.

Não use de desculpas para justificar o amor, mas use realmente o AMOR para não inventar desculpas.

156

Vós sois a luz do mundo. (Mt 5,13)

O aprimoramento da sociedade se dará à medida que ela se elevar em moral e espiritualidade, numa palavra, viver a fraternidade.

Compreender isso e pôr em prática colocam o indivíduo em um nível de elevação, no qual toda a sociedade ganha.

Decerto, estamos distantes de atingir essa condição, contudo, aos poucos, a transformação se faz, e pode ser sentida e vista, embora as adversidades do mundo mostrem o contrário.

Nesta roda da evolução, os que não quiserem seguir com ela serão deixados para trás e não poderão acompanhar aqueles que se dispuseram a mudar o seu curso de vida para melhor.

Um mundo regenerado... é o que todos queremos.

Comecemos por nós mesmos, melhoremos nosso modo de pensar, ver e agir em relação ao outro. Tudo tende a se modificar com os gestos e as atitudes de fraternidade.

Seja você uma fagulha de luz no mundo.

157

Porque andamos por fé e não por vista. (2Cor 5,7)

Não desista agora! Se parar, tudo que fez até o momento se perderá. O fruto dos seus esforços ainda vai nascer, crescer e se multiplicar.

É compreensível que a necessidade não seja companheira da espera. Isto é, como aguardar por mais tempo se o que precisa é para hoje?

Muitas vezes nos sentimos sozinhos, abandonados à própria sorte. Nossas orações parecem não surtir efeito, sentimo-nos abandonados.

Como ter esperança se a situação não se altera, se o que buscamos se mostra cada vez mais distante, quando já podíamos tê-lo alcançado?

São indagações que fazemos a nós mesmos diante de tantas injustiças, trapaças e indiferenças que nos afligem direta e indiretamente.

Onde está Deus que não nos ouve o clamor?

Por que razão o trabalho honesto que desempenhamos dá mostras de que não chegaremos a colher os seus frutos?

Diante dessas e outras indagações, não perca a esperança em Deus.

158

O interior, contudo, se renova de dia em dia.
(2Cor 4,16)

Reconstrua o seu castelo interior. Sim, aquele no qual você se imagina rei ou rainha da sua realidade. Sim, comandando suas emoções e sentimentos, sem que haja um bobo da corte para distrair sua atenção. Onde você possa ser a pessoa responsável pelas próprias escolhas, sem que conselheiros mal-intencionados digam o que fazer do seu reinado e como fazê-lo.

Isso, no entanto, não é autossuficiência, mas segurança, personalidade e convicção sobre o que deseja para você.

Ainda que precise da opinião de alguém, não se deixe levar instantaneamente, pois somente dentro de você está a resposta.

No seu castelo interno, também existe uma fortaleza que precisa ser usada para resistir a tudo de ruim que possa vir do exterior.

É no interior desse castelo que nascem as defesas, estratégias e decisões que o acompanharão na vida de fora. O seu castelo interior deve estar sempre limpo e seguro.

159

E eu estarei sempre com vocês, até o fim dos tempos. (Mt 28,20)

Há muitas pessoas vivendo um grande vazio interior. Sabe por quê? Porque não cuidam da vida *interior*.

Preenchem-se com diversões frívolas, vícios, relacionamentos promíscuos, enfim, uma gama de situações nas quais se envolvem para poderem se autoafirmar, convencendo-se de que são felizes. Interiormente, existe um vácuo, em meio o qual sentem-se perdidas por não haver nada de substancial nem verdadeiro que as faça felizes.

Precisamos de vida interior; voltarmo-nos para o nosso *eu* e buscarmos dentro, e não apenas fora de nós, o que realmente nos traz paz, alegria, satisfação e felicidade.

Ninguém condena a diversão, o lazer sadio.

Não somos apenas um corpo que bebe, come, faz sexo e se diverte. Somos espíritos em um corpo.

Então, precisamos nos conectar com o *eu interior*, preencher nossa essência com valores e bons sentimentos. Viva no mundo, com o mundo interior preenchido.

160

Guarde sua língua do mal e seus lábios de proferir mentiras. (1Pe 3,10)

Calúnias e acusações infundadas são algumas das armas dos covardes, que sem nenhum pudor levantam falso-testemunho contra os outros.

Se você já passou por isso, e embora esteja com a consciência em paz, por nada dever, é quase impossível não sentir indignação diante do ultraje.

Se a sua honra foi atacada pela mentira, mesmo assim não deixe de viver a verdade, ou seja, combata o mal com o bem.

Não se nivele aos que procuram meios escusos para afetá-lo moral e psicologicamente.

Não aceite provocações que têm como objetivo tirar-lhe o equilíbrio, para que também venha a cair no erro de fazer algum mal, no intuito de se defender.

Procure resolver a questão de forma que a sua integridade moral e física seja preservada. Línguas mentirosas têm compromisso apenas com a própria maldade.

Não dê ouvido a essas vozes...

161

Pratique o bem, busque a paz e siga-a. (1Pe 3,11)

Clamar por paz, fazendo guerra não é uma atitude coerente.

Quantos anseiam pela paz no mundo, mas dentro da própria casa, vivem num campo de batalha!

É entre os que estão sob o mesmo teto que nasce a prática do bem, do amor, o que outros chamam de obrigação.

Amor é amor, não obrigação.

Se existe amor dentro do lar, também haverá harmonia e, certamente, ela será estendida àqueles que não fazem parte do círculo familiar.

Dessa forma, na vida em sociedade, não podemos exigir paz incitando a desordem.

Protestar é um ato legítimo, conquanto esteja dentro do âmbito do respeito.

A prática do bem é o caminho para a paz. Jesus sabiamente deu exemplo disso.

Busquemos a paz dentro e fora de nós, no meio familiar ou onde quer que estejamos.

A paz é originária do bem que praticamos.

162

Vosso Pai sabe do que tendes necessidade antes de lho pedirdes. (Mt 6,8)

Bata até que a porta se abra.

Insista. Chegará o dia em que suas preces serão ouvidas, se não for por mérito, será pela misericórdia divina.

Talvez, insistir na espera seja mais difícil do que esperar, pelo fato de não querer se iludir diante da insistência de algo que não vê, pelo que aguarda ansiosamente.

Perseverar faz parte do processo para obter o que deseja.

Ore, a oração lhe propiciará tranquilidade para saber aguardar o tempo necessário.

Persista. De tanto pingar sobre a rocha, a gota d'água torna-se forte, pelo simples fato de persistir em pingar sobre o mesmo ponto, até perfurá-lo.

A transformação da pedra vem com o tempo, com paciência e insistência.

Que o seu ânimo não desfaleça ante as inúmeras tentativas de fazer com que a porta se abra.

163

*A caridade é paciente, a caridade
é prestativa. (1Cor 13,4)*

Você costuma visitar os doentes, idosos ou crianças? "Não tenho tempo", você diz?

Então o que acha de reservar um dia para fazer isso? Saia do seu mundinho e conheça outras realidades, tão mais difíceis e duras que a sua.

Caridade não é dar moedas nos semáforos ou nas calçadas das ruas e avenidas. Dar coisas é um sinal de desprendimento seu, e de respeito ao próximo, no entanto, não constitui benevolência.

Mas sair do seu conforto para estar no meio de pessoas que não conhece, visitá-las, fazer-lhes um afago, conversar com elas e oferecer o que é legítimo e durável: a sua presença, a sua companhia, isso sim é caridade.

Não há bem material que pague, tanto a elas quanto a você, que irá se sentir com a alma revigorada.

Caridade não é dar coisas, é dar-se em prol de alguém ou de uma ação que contribua para o bem do outro, sem esperar nada por isso.

164

Já aprendi a contentar-me com o que tenho.
(Fp 4,11)

Observe se você tem ficado preso a padrões de comportamentos que limitam sua capacidade de decidir por si mesmo.

Se tem a necessidade de receber elogios.

Se tem medo de assumir responsabilidades.

Se encontra dificuldade de dizer *não*, mesmo que não concorde com algo.

Se receia não ser aceito ou amado.

Se quer chamar atenção a todo instante.

Cuidado, você pode estar com dependência emocional.

Valorize-se.

Seja mais dono das suas emoções, e não escravo delas.

Elimine o medo da não aceitação dos outros em relação a você.

Seja o que você é. Critique se preciso for, coopere se sentir vontade, mas não faça nada por dependência emocional. Você não precisa disso.

165

E qual o pai de entre vós que, se o filho lhe pedir pão, lhe dará uma pedra? (Lc 11,11)

Tempos de crise afetam principalmente os menos favorecidos, que encontram maior dificuldade para ganhar o pão de cada dia.

Necessitamos da misericórdia, não dos que governam, mas de Deus, porque muitos dos que estão investidos de poder e autoridade não a exercem com justiça e amor.

Se a vida está difícil, no que diz respeito a ter um trabalho digno para manter a família, não se desespere, porque Deus sempre irá prover o necessário.

Um adágio popular diz: o pobre vive de teimoso. Não. O pobre vive da compaixão do Alto, porque, sem ela, a vida neste planeta já teria se extinguido.

Não confie em homens que ainda querem viver como reis e não se sensibilizam com a dor humana. O "reinado" deles não é nada comparado à Eternidade.

Tudo irá ficar ou se acabar aqui.

166

Nada façais por ambição ou vanglória. (Fp 2,3)

A corrida por prestígio social leva muitos a fazerem um papel ridículo.

Existem coisas que se conquistam naturalmente, sem que para isso seja preciso forçar uma situação.

Não se engane quanto a isso!

Essa imposição de um indivíduo sobre os demais não passa de exibicionismo, sobre o qual cria-se uma autoimagem de superioridade em relação aos outros.

Respeito e admiração não se conquistam pela posição ou cargo que se ocupa, mas pela força moral que se possua. E quem detém essa qualidade não vive à cata de prestígio e honrarias humanas, porque sabe que isso é vaidade.

Se, por força das circunstâncias ou do cargo que ocupa, você tem esse valor atribuído à sua pessoa e imagem, use-o para promover o amor, a paz, a fraternidade. Não deseje outro prestígio a não ser o que vem de Deus.

167

Sede sóbrios e vigilantes. (1Pe 5,8)

Freie os impulsos. Palavras que ofendem, gestos e atitudes que assustam, além do medo também geram constrangimento.

Se a sua natureza é impulsiva e explosiva procure controlar-se e, se possível, busque a ajuda de um profissional para contê-la.

Você é o maior prejudicado por agir dessa forma. Não deixe esta má impressão a seu respeito.

Controle o seu temperamento.

Domine a raiva, antes de ser por ela dominado.

Não tenha como normal esbravejar, maldizer, mostrar-se violento com gestos ou palavras.

Agressividade nunca foi a forma correta de resolver as coisas, mesmo que esteja com a razão.

Vá com calma!

Trabalhe o seu jeito de ser. Mude seus modos, substitua-os por outros melhores.

Dispa-se do homem velho e deixe que um novo renasça dentro de você, ao tornar-se mais brando, compreensível e paciente.

168

Não julgueis segundo a aparência. (Jo 7,24)

Reconstrua-se de dentro para fora.
Não importa o que fizeram a você ou por qual situação tenha passado ou esteja passando. Refaça-se.
Depois de muito se machucar emocionalmente, você precisa dar a volta por cima e reescrever sua história.
Olhe mais a sua volta e pense no amanhã, porque o que passou não deve interromper seus passos rumo a uma vida nova.
Que importância tem o passado quando se quer esquecê-lo e recomeçar de forma diferente?
Jamais dê ouvidos ao vozerio e aos olhares dos que o julgam sem conhecê-lo.
Risque o histórico de sofrimentos do livro da existência e reescreva um novo enredo com base no que tem de melhor.
Refazer-se é juntar o que há de mais importante e significativo em sua essência, sem se importar com o que já não existe.
Cuide dos seus sentimentos e emoções.

169

A noite é passada, e o dia é chegado. (Rm 13,12)

Noite maldormida significa dia de cansaço e mau humor.

Se tem enfrentado dificuldades para dormir, procure descobrir a causa e, se já sabe a resposta, então procure não deixar que ela tire a sua tranquilidade.

Preocupação em demasia não é a chave para solucionar problemas. Ações positivas, sim, ajudam a resolver qualquer complicação.

Ao perder o sono durante a noite, no decorrer do dia sentirá o peso sobre o próprio corpo, gerando a alteração do humor diante das mínimas coisas.

Tranquilize-se. O estresse que advém das situações complicadas causa distúrbios não apenas no organismo, como também no emocional que se abala.

Perder noites de sono por conta das atribulações só faz aumentá-las, pois não terá, em virtude da pressão, como resolvê-las de forma eficiente e satisfatória.

Problemas podem ser contornados.

170

Batei e à porta vos será aberta! (Mt 7,7)

Imagine-se saindo do meio de um jardim entre cuja vegetação você passa e, logo à frente, vê uma casa com varanda. Caminhe até ela...
Suba os três degraus até chegar à entrada.
Bata na porta. Eis que alguém vem recebê-lo com um largo sorriso e o saúda, abrindo os braços e convidando-o a entrar.
Abrace esta pessoa.
Sinta a força que emana dela, revigorando as suas forças.
Abrace-a, demoradamente...
Abra os olhos e veja quem é este que o recebe: é Jesus Cristo; o Mestre, Senhor e Amigo Incomparável de todos os momentos.
Fique na presença Dele, insira-O em sua vida. Não importa qual seja o momento que vive, traga-O junto a você, distribuindo bênçãos, concórdia, esperança, alegria, paz.
Que muitos outros também possam bater à porta do Mestre, que sempre se abrirá para os que se dispõem a se abrir para Ele.

171

*Amem-se sinceramente uns
aos outros. (1Pe 4,8)*

A frieza de coração é sinal de que está faltando o fogo da paixão. É preciso tirar esse ar frio e preenchê-lo com a chama do sentimento.

Fomos colocados na Terra para dedicarmos e recebermos afeto uns dos outros, sem o qual a vida seria completamente vazia e, por conseguinte, sem graça.

Essa troca de energias salutares entre pessoas que se amam ou que simplesmente têm carinho e respeito umas pelas outras, chama-se amor, nas suas mais variadas formas.

Se a sua opção foi de não se relacionar com alguém, com medo de sofrer, você fez uma escolha equivocada e egoísta.

Privar-se de viver um grande amor, quando pode tê-lo, seria como admitir a si mesmo que não tem o direito de ser feliz na companhia de alguém.

Não endureça o seu coração, porque em algum momento ele será ocupado por alguém, mesmo que não esteja esperando por essa pessoa.

172

*Ele é fiel e justo para nos perdoar
os pecados. (1Jo 1,9)*

Existem coisas em relação às quais não há como voltar atrás, e se martirizar não irá mudar a situação.

O autoperdão é o primeiro passo para a correção de si próprio, quando se reconhece que se errou. Mas não transforme o arrependimento em autoflagelação psicológica. Torturar-se por algo que não deveria ter feito não irá consertar o erro.

Peça desculpas, retrate-se com quem possa ter errado, sem, entretanto, autopunir-se permanentemente.

Mente e coração libertos pelo perdão quebram barreiras e abrem caminho para que siga livre e despreocupadamente.

Ainda que as suas falhas sejam graves, ficar remoendo-as não irá ajudar em nada.

Se não recebeu o perdão de quem tenha magoado ou prejudicado, perdoe a si mesmo.

Quando humildemente reconhecemos que erramos, e mesmo que não ouçamos o que gostaríamos ao pedir perdão, é melhor deixarmos isso nas mãos de Deus e seguir em frente.

173

*Não vos preocupeis com o
dia de amanhã. (Mt 6,34)*

Convém, agora cuidar da saúde. Evitar fazer planos que só trarão desgaste emocional.

Muitas vezes, o desejo de que as coisas fluam de maneira satisfatória tem gerado ansiedade, preocupação, nervosismo.

É melhor deixar que a situação esteja num momento favorável para poder idealizar, correr atrás do que se almeja.

Prossiga com o que tem no momento. Não adianta querer que tudo saia da forma como imagina.

Agora é o momento de ficar em paz. Deixe que oportunamente os sonhos se realizem, quando a ocasião se mostrar conveniente.

Com tranquilidade, é mais fácil administrar a situação; o raciocínio funciona melhor, a decisão pode ser acertada e o resultado final tende a ser melhor do que o esperado.

Antes de entrar em cena, os atores precisam de calma, foco e concentração.

No palco da existência não é diferente.

174

*Não pense de si mesmo além
do que convém. (Rm 12,3)*

Forme uma autoimagem positiva. Não importa como as pessoas o veem.

É a imagem que faz de você que se refletirá no seu dia a dia e, consequentemente, influenciará no que realizar.

É o toque pessoal, ou seja, se se imagina incapaz, fraco, pequeno, esses votos íntimos e secretos ditarão as regras da sua vida.

Já parou para observar que indivíduos inescrupulosos conseguem realizar grandes feitos? Não é o mau caráter deles que os faz prosperar, e sim a confiança em si mesmos. É a imagem que fazem de si e projetam para os outros. E se creem certos no que fazem de errado.

Ao passo que pessoas de bom coração e moral ilibada não saem dos primeiros degraus, não se projetam para a vida. É importantíssimo ser bom, honesto, amável, entretanto, é necessário confiar mais em você, reconhecer suas capacidades e fazê-las movimentar a vida.

Tenha uma visão mais intimista de si.

175

Ai do mundo, por causa dos escândalos. (Mt 18,7)

Quando nossas atitudes afetam a vida dos outros de forma negativa, precisamos rever nossos conceitos.

Se o que fazemos tem se configurado como algo prejudicial ao ponto de gerar incômodo nos demais, o bom senso deve prevalecer.

Respeito é o que exigimos, logo, respeito é também o que devemos às pessoas.

O *eu* egoísta deve ceder ante o que é o direito dos demais.

Quando existe compreensão de que não devemos invadir a consciência, a liberdade e o direito alheio, exercemos o respeito ao outro.

A nossa diversão, por exemplo, pode ser saudável, todavia se ela sai do círculo em que estamos e incomoda quem está ao nosso lado, então deixa de ser algo bom, por ter invadido a privacidade de alguém.

Não devemos provocar escândalo, da mesma forma que não gostaríamos de nos escandalizar com fatos e coisas que incomodam.

176

Se eu quero que ele fique até que eu venha, que te importa a ti? Segue-me tu. (Jo 21,20)

Durante a nossa permanência no mundo, em preparação para o mundo vindouro, é natural que nos preocupemos com aqueles que estão a nossa volta, às vezes, querendo que acreditem ou façam o que achamos certo...

No trajeto do nosso aprimoramento espiritual passamos por caminhos escarpados, pedregosos, escorregadios, que dificultam a marcha redentora em direção à Luz.

Mas a salvação é individual e cada um deve fazer a parte que lhe cabe para seguir ao Senhor.

Não interrompamos a caminhada por mero capricho, mas, sim, se for para ajudar aqueles que ficaram à margem da estrada. Porém, não permaneçamos estacionados com eles, caso não decidam seguir adiante. O convite de Jesus a Pedro é o mesmo que tem feito a nós há mais de 2 mil anos.

Deixemos os outros decidirem por si mesmos e sigamos nós o chamado do Mestre; a seu tempo, todos atenderão ao Seu convite: "Segue-me tu".

177

A seara é grande, mas os trabalhadores são poucos. (Lc 10,2)

Aprenda a ser desprendido, livre. Não pense apenas em si mesmo. Sempre haverá algum trabalho a desempenhar, cuja única recompensa é ver o sorriso no rosto de alguém.

Experimente. Se sentir satisfação, se a paz e a leveza tomarem conta do seu coração, é porque você encontra alegria em promover a alegria dos outros.

Não falta trabalho, faltam trabalhadores na seara do bem, e o encontramos quando saímos daquele círculo estreito chamado *eu*.

Se quiser, encontrará alguma tarefa para realizar, na qual o beneficiário não seja você. E é incrível como os próprios problemas se tornam menores ao se deparar com realidades diferentes das suas.

Doe carinho, atenção, sorrisos, enfim, distribua amor. Você irá se esquecer das próprias dificuldades, que se resolverão por si, porque não estará concentrado nelas, mas nas dos outros.

178

*Se tu podes crer, tudo é possível
ao que crê. (Mc 9,23)*

Amplie os seus horizontes.
Não receie desbravar um novo caminho. Você já conhece onde está, experimente explorar outros lugares, um novo trabalho, uma outra atividade. Você descobrirá talentos até então desconhecidos.
Reanime-se. Não se veja com limitações.
A sua capacidade é maior do que imagina. Explore-a.
Saia da mesmice. Focar em coisas que não saem do lugar é permanecer estacionado com elas.
Cure a mente, torne-a saudável, com pensamentos positivos sobre você, as pessoas e as coisas que o cercam.
Não pense no limite. Imagine-se ilimitado diante das transformações que precisam ser feitas.
Expanda o seu poder de criar possibilidades, sem deter-se no comodismo ou na negação de si mesmo.
Acredite no novo. Acredite em você.

179

Ninguém se engane a si mesmo. (1Cor 3,18)

Como anda sua inteligência emocional?
Saiba lidar com as emoções.
Assuma a responsabilidade dos próprios erros, sem querer encontrar um culpado para eles.
Reconheça seus talentos, sem se achar insubstituível.
Enfrente os medos de forma que não venham lhe causar sentimento de impotência diante deles.
Desenvolva seus relacionamentos interpessoais, como uma pessoa sociável e proativa.
Não se deixe levar por ímpetos, racionalize antes para não ser tomado pelo impulso.
Tenha uma atitude madura diante dos conflitos; a postura equilibrada será determinante nessas horas.
Considere todos os fatores, para não tirar conclusões precipitadas. Trabalhe a sua inteligência emocional para que possa agir com prudência em todas as situações.

180

Que filho há a quem o pai não corrija? (Hb 12,7)

A vida do ser humano, assim como a natureza, é feita de ciclos. A cada nova fase muitas coisas mudam e, com essas mudanças, é preciso aprender algo novo ou pelo menos adequar-se a ele.

Transformações são inevitáveis e necessárias, acompanhá-las faz parte do progresso. Saber lidar com aquelas que não são benéficas, como uma enfermidade, ajuda a combatê-las.

Cada etapa da existência traz consigo algum aprendizado, uma lição que, se soubermos aplicá-la ao nosso crescimento, ajudará a compreendermos muitas outras coisas.

Tudo na vida muda, ou quase tudo. *Quase* porque existem as que denotam que nós não iremos mudar em alguns aspectos.

Os ciclos são regenerativos, promovem transformações significativas e profundas, cabendo-nos então não lhes opor resistência.

181

Vês que o homem é justificado pelas obras e não simplesmente pela fé. (Tg 2,24)

O que adianta receber orientação de como chegar a algum lugar se não estiver disposto a percorrer o caminho que leva a ele?

Sem a prática, o ensinamento torna-se nulo. Em que ajudaria ter uma bússola para se orientar, se não seguir para a direção que ela aponta?

O conhecimento é libertador, porém, se o deixar escondido dentro de você, não terá como passá-lo adiante.

Do mesmo modo, se conhecer a mensagem do Cristo, que dá norte à vida humana e espiritual, e não exercer as instruções nela hauridas, que proveito irá ter? Colocar o conhecimento em prática demonstra que realmente aprendeu.

Se as sementes permanecerem guardadas no celeiro, como poderão produzir frutos?

182

O Espírito vem em socorro de nossa fraqueza.
(Rm 8,26)

Os anjos atendem aos apelos dos homens, mas para que isso aconteça é preciso criar uma atmosfera favorável para que se aproximem.

A oração é o recurso pelo qual cria-se esta atmosfera que, por sua vez, gera luz, harmonia, serenidade, apaziguamento.

É imprescindível entrar em sintonia com eles por meio da prece, que modifica nosso campo mental e espiritual, possibilitando que uma Luz mais intensa se faça presente.

Para que os anjos de Deus desçam até nós, após vencerem a atmosfera psíquica da Terra, é o que seria para nós outros, como adentrar um ambiente contaminado. Precisaríamos de máscaras. Eles precisam apenas que ofertemos a elevação de pensamentos, através do qual encontram ressonância para auxiliar-nos...

Precisamos estar em sintonia com o bem.

183

*Porque nele a justiça de
Deus se revela. (Rm 1,17)*

Pagar o mal com mal é vil e injustificável.
O perdão é pacífico, tolerante e forte. Por isso nada justifica seguir na contramão do bem, porque tudo que fizer aos outros retornará para você.
Distribua gestos de nobreza e fraternidade, e os terá de volta. Deixar de fazer o que é correto, só porque erraram com você, é repassar o mal adiante.
Cometer erros de forma consciente é fomentar as labaredas da maldade.
A retribuição do que recebeu só deve ser feita com a "moeda" do amor.
Então, não envenene o seu coração com as atitudes negativas que tiveram em relação a você.
Nada escapa aos olhos e ouvidos da Lei Divina, que não isenta ninguém da própria responsabilidade.
Jamais duvide dela.
Entre o Céu e Terra vale a Lei da Reciprocidade.

184

*Perdoai, se tendes alguma coisa
contra alguém. (Mc 1,25)*

Já ouviu a expressão "Só Deus é capaz de perdoar de verdade"?

Mas Deus não perdoa ninguém, porque Ele, está acima da ofensa. Para perdoar teria de se sentir ofendido.

O ato de pedir perdão a Ele, é uma atitude de humildade e respeito.

Nós é que devemos e podemos perdoar uns aos outros e a nós mesmos.

Por que para alguns é tão complicado dizer "Eu perdoo"? Por que é tão difícil pronunciar a palavra perdão? Uma palavra simples, porém, muito significativa.

É libertador saber perdoar. Melhor ainda é não ter o que perdoar!

A ofensa nos deixa com uma impressão negativa em relação à outra pessoa. Para quebrar esse mal-estar, peça perdão. E, se tiver realmente de perdoar alguém, faça-o de coração.

Eu o perdoo. Você me perdoa!

185

Bem-aventurado o homem que suporta com paciência a provação. (Tg 1,12)

Mau-humor, reclamações e revolta só fazem as coisas piorarem.

Combata as dificuldades, os dissabores com coragem e alegria; ao menos faça um esforço para que o seu ânimo não seja sufocado pelos espinhos da dor. Encare a vida e as próprias adversidades de cabeça erguida, por maiores que sejam.

Não prolongue o tempo de duração delas. Diga: "Eu estou bem".

Você poderá até dizer que isso é uma mentira, e eu digo que não, pois você precisa se sentir bem dentro do momento em que está, mesmo que não seja um bom momento.

É difícil? Sim. Mas não impossível!

Se as coisas estão caminhando na contramão, não maldiga a situação, porque ela é passageira, assim como tudo na vida o é.

A sua autoestima não pode ruir.

186

Eu me esforço por manter uma consciência irrepreensível. (At 24,16)

Quando atingimos um determinado nível de consciência, é sinal de que já chegamos a um grau mínimo de entendimento e lucidez que nos leva a refletir sobre nossos desacertos.

A assertiva de que aprendemos com os erros é realmente algo que não podemos desconsiderar, de vez que erros e acertos fazem parte da trajetória evolutiva do gênero humano.

Logo, o ensinamento que repercute no âmago de cada um de nós é, sem sombra de dúvida, o que mostra nossa fragilidade e falibilidade diante da vida. O que nos induz à reflexão sobre sermos mais humildes. É o reconhecimento de que não somos infalíveis nem perfeitos. Assim como outros erram, também erramos.

Nada de autopunição. Apenas o despertar da consciência.

187

*Que aproveita ao homem ganhar
todo o mundo e perder sua alma. (Mc 8,36)*

Um bem-sucedido homem de negócios, após passar anos a fio preocupado em fazer fortuna, mesmo quando sua situação financeira atingira um estágio satisfatoriamente elevado, entrou em crise.

Num dado período da vida, passou a sofrer de ansiedade compulsiva, fobias e depressão. Não encontrando satisfação nos bens que amealhara, o seu desejo agora era se livrar do mal que o afligia.

Não há mal em querer ser uma pessoa bem-sucedida, desde que a própria vida seja um sucesso, salvaguardando a sua interioridade.

Nós não podemos nos privar de ter uma existência materialmente equilibrada, bens materiais são úteis, desde que não corrompam a alma.

O problema encontra-se na distorção de valores que, se colocados na "balança" de Deus, não têm valor nenhum.

Obter riqueza com o trabalho digno não descredencia ninguém, moral ou espiritualmente.

O apego é que se torna um peso para a alma.

188

E a luz resplandece nas trevas. (Jo 1,5)

Há esperança. As ações do bem ainda são maiores que as do mal, e elas podem ser notadas pelos gestos de generosidade, pelas atitudes e ações de pessoas em ajudar umas às outras.

Indivíduos, não raras vezes, num impulso, se lançam para socorrer outros indivíduos que se encontram em situação de risco. Colocam-se na pele dos outros para salvar-lhes a vida.

O instinto de sobrevivência que vibra em si mesmos é usado para proteger uma pessoa estranha, animais e a natureza em perigo.

É a força do bem que atua em cada um, tão mais forte e vibrante do que se possa imaginar.

Essas atitudes elevadas, heroicas, de desprendimento de si para auxiliar o outro, estão presentes e são constantes na sociedade. Basta desviar o olhar das coisas ruins para enxergar as boas que estão acontecendo.

Nada está perdido.

189

Não é aprovado a quem a si mesmo se louva.
(2Cor 10,18)

Não seja arrogante. Se tiver de participar sua opinião aos outros, faça-o de forma que não fira ninguém.

Todos têm direito a opinar, e a "verdade" de cada um não será a mesma da maioria. Fale com clareza, sem faltar com o respeito àqueles que o escutam.

O ser humano é naturalmente melindroso, fere-se e se sente ofendido com facilidade. Muitos não gostam de serem contrariados, têm a suscetibilidade afetada, às vezes por coisas sem importância. Um age com arrogância, o outro com orgulho por não concordar com o que ouve, sendo o arrogante também um indivíduo orgulhoso.

O que falta a quem fala e a quem ouve é um pouco de humildade. Falar e ouvir são verbos que, se conjugados com amor, mudariam em muito os rumos da humanidade.

190

E o que a si mesmo se exaltar será humilhado.
(Mt 23,12)

Toda tarefa caritativa deve ser realizada com discrição.

O bem já é bem por si só; não precisa de alardes. Porém, é importante dizer que o amor está em ação, e ele é maior que o mal. E, acredite, há muitas coisas boas acontecendo no mundo, mesmo em meio às sombras!

O que a mensagem do tópico acima, em Mateus, nos orienta é que devemos ser humildes, praticar o bem sem ostentação. Complementando: "Não saiba a tua mão esquerda o que faz a direita".

O bom senso nos recomenda humildade, sem a qual teremos dificuldade em mantermo-nos no trabalho edificante.

Não se vanglorie da caridade praticada. O amor não precisa ser visto pelos outros, mas sentido por aqueles que o recebem.

Homens e mulheres integrados ao bem não precisam do reconhecimento do mundo. Só de Deus.

191

*Criados em Cristo para as
boas obras – (Ef 1,10)*

Elogie o trabalho de quem lhe presta serviço, mas evite fazer isso em público. Ainda que seu intuito não seja o de desagradar aos que estão por perto, isso pode causar constrangimento a ambas as partes, ao elogiado e àqueles que o ouvem.

Antipatias e intrigas nascem em corações feridos, gerando inimizades.

Quando tiver de elogiar a alguém, faça-o de forma a não criar problemas ao elogiado.

Externe a sua satisfação ou admiração em particular, entre você e a pessoa.

A discrição também é uma forma de demonstrar consideração e respeito a quem está sendo enaltecido.

Quanto a quem teve o ego massageado, aja da mesma maneira, seja humilde, discreto. Tome o elogio como uma responsabilidade a mais.

Não se considere melhor que os outros.

192

*As minhas palavras não
hão de passar. (Mt 24,35)*

Formule bem as palavras antes de falar. Para ser bem compreendido é importante saber expressar-se de forma adequada, de modo que não deixe dúvidas em quem ouve.

Fale com clareza e objetividade.

Se tiver de se defender de alguma coisa, responda com firmeza, mas sem perder a compostura e o equilíbrio. Se for dar conselhos solicitados, não diga além do necessário.

Pense bem antes de formular qualquer opinião, porque, uma vez externadas, as palavras não podem voltar à boca de onde saíram.

Interpretações equivocadas ou maldosas costumam trazer complicações, cometem injustiças, não se preocupam com a verdade. Não dê oportunidades para que envolvam o seu nome em calúnias e intrigas.

E, como recomenda a caridade, não fale de uma pessoa sem que ela esteja presente, pois quem ouve suas palavras poderá transmiti-las ao outro de forma distorcida. Policie-se.

193

*O Senhor é meu ajudador,
e não temerei. (Hb 13,6)*

Não faça do abandono algo insuperável.

Do mesmo modo que relacionamentos se iniciam, eles podem acabar. Em vez de ficar se queixando de abandono, mantenha o brio e deixe que o tempo se encarregue do sentimento que ainda existe.

Você, certamente, também já deixou para trás outras pessoas que passaram pela sua vida.

E, por desânimo, você igualmente abandonou situações que tinha condições de resolver, e preferindo escondê-las embaixo de alguma desculpa.

Deixou pelo caminho projetos de vida por duvidar da sua capacidade em concretizá-los.

Se fizer uma análise, são muitas as formas de abandono... E, se fizer uma autoavaliação, entenderá que a pessoa que o abandonou, o fez porque sentiu que um dia poderia ser abandonada também.

Esteja mais seguro sobre o que quer.

194

Se, pois, o Filho vos libertar, verdadeiramente sereis livres. (Jo 8,36)

O que é ser livre? Qual a liberdade que você procura?

É comum querer a liberdade; de ir e vir, de expressão, de escolha... É um direito de todos, e é justo.

No entanto, muitos indivíduos, na ânsia de viverem a liberdade, se escravizam a situações, pessoas e coisas, ao fazerem suas escolhas.

Não sabem lidar com a própria liberdade.

Por conta disso, enveredaram-se por um labirinto de excessos, acorrentados a sentimentos e atitudes danosas, das quais não conseguem se libertar. E se dizem livres!

Mas livres de quê?

Nós somos realmente livres quando somos senhores e não escravos do meio em que interagimos, seja de relações, de pertences ou de circunstâncias.

A vivência da liberdade se realiza no âmbito do domínio que exercemos sobre ela.

195

*O meu jugo é suave e o meu
fardo é leve. (Mt 11,30)*

A receita para viver bem encontra-se dentro de cada um, no modo como vive e enxerga a existência.

Os ingredientes que adiciona a ela é que dão o sabor, que pode ser doce ou amargo, suave ou denso.

Se algo não vai bem é porque um elemento diferente se incorporou aos demais, trazendo a necessidade de acrescentar outros para consertar a mistura. Assim, o que você coloca em seu coração, em sua mente, é o que faz com que a vida seja bela e feliz ou nebulosa e triste.

O fardo, por vezes pesado, aumenta em volume se a ele se adicionar elementos negativos. Ao passo que, se os substituir por outros, positivos, você terá mais força para suportá-lo.

Cada pessoa faz o próprio "receituário" para viver de maneira que o fato de existir não seja um fardo, embora seja inevitável se ter algum para carregar.

196

Honrai a todos, amai os irmãos. (1Pe 2,17)

Jamais subestime as pessoas, você não as conhece o suficiente para tirar conclusões do que são ou não capazes.

Respeite-as.

Observe que nem todos que apreciam ser vistos ou atrair a admiração alheia, possuem realmente os atributos e qualidades que demonstram.

Não se engane nem deixe que façam o mesmo em relação a você.

Devemos ser o que somos, sem desmerecer os demais. A autenticidade é o que cativa as amizades sinceras.

Querer passar uma imagem que não existe ou desdenhar de alguém não é atitude de pessoas que gostam das outras pelo que realmente são.

O superficialismo não edifica os relacionamentos, cuja base precisa ser sólida.

Tirar conclusões por conta do achismo é ser imaturo, desonesto e parcial no observar.

Quem deprecia não age com o amor com que devemos tratar uns aos outros.

197

Procurai as coisas do Alto. (Cl 3,1)

Desfrute dos momentos felizes e procure esquecer os que não foram tão bons.

Aproveite ao máximo a fase favorável, mas não se esqueça de agradecer a Deus por ela.

Muitas coisas dependem do esforço pessoal; ainda assim, se não estiverem apoiadas em Deus, elas não durarão.

Em nada irá resolver queixar-se da sorte quando os ventos sopram ao contrário, se não fizer a sua parte.

Mudar de endereço, revoltar-se contra os reveses da vida não favorecerá o andamento das coisas, pois o entrave pode estar dentro de você, em sua casa ou no modo como vive...

Busque harmonia no Pai Celestial. Leia, ouça, assista, participe de alguma atividade que desperte em você a espiritualidade.

O período de ventura pode sofrer uma interrupção. Então, esteja conectado ao Criador não só nos momentos de provações, mas, principalmente, nos em que estiver bem.

198

*E o que há de vir virá, e
não tardará. (Hb 10,37)*

Parta para a ação.

Parado ninguém chega a lugar nenhum. Isso é tão óbvio quanto dizer que a bola é redonda. Mas, ao invés de esperar que as coisas cheguem até você, caminhe em direção a elas.

Sem agir, é improvável que algo se resolva por si mesmo. É preciso atuar para que os resultados apareçam.

Entenda e aja, efetivamente.

Movimente-se para dar andamento aos seus projetos e ideais.

A semente plantada num vaso necessita regularmente de rega para germinar.

Assim são os sonhos, para que se realizem. É indispensável regá-los com esforço, perseverança e determinação. Sozinhos e sem cuidados não passarão de sonhos.

Nada se materializa sem que se provoque a sua manifestação, ou seja, tudo que quiser reclama sua contribuição para que aconteça.

199

Vigiai, estai firmes na fé. (1Cor 16,13)

Não deixe que a decepção o faça descrer daquilo em que até então acreditava. Perder a fé em meio às turbulências que surgem não ajudará a ter forças para passar por elas.

Sem esperança, a vida perde o significado. O vazio só aumenta e tudo parece conspirar contra a felicidade.

Diante dos abalos psicológicos e das tensões emocionais, a fé se torna uma chama instável, pronta a se apagar a qualquer momento. Resista.

Se a fé é a "visão" antecipada do que acredita e aguarda, perdê-la seria como desistir de continuar aguardando o dia da vitória.

Não a deixe morrer dentro de você!

Mesmo que ela seja apenas uma fagulha, mantenha-a acesa.

Se o desapontamento bateu à sua porta, pelo fato do que acreditava não ter se realizado, lembre-se de que no mundo espiritual não existe tempo, e você receberá o que precisa, quando assim a Providência Divina o determinar.

200

Curai os enfermos [...] expulsai os demônios.
(Mt 10,8)

Você precisa realmente de todos esses remédios? Ninguém nega a utilidade e eficácia dos medicamentos.

Contudo, seu uso exagerado e sem acompanhamento profissional contribui para que um outro mal possa se instalar.

E o que deveria servir de alívio ou cura se transforma em problemas que poderiam ser evitados.

Os sintomas que sente podem ser reflexo do que está em sua mente, e não propriamente uma enfermidade física.

Procure o auxílio de um profissional e, paralelamente, auxílio espiritual. Ciências humana e espiritual, agindo sobriamente juntas, fazem grandes maravilhas.

Considere que corpo, a mente e o espírito precisam de apoio e ajuda, cada qual com a poção medicamentosa destinada à área específica.

201

Queira ele confirmar nossos corações numa santidade irrepreensível. (1Ts 3,13)

É no coração que nascem os desejos. Considerado sede das emoções, é a ele que comumente se reportam para falar sobre sentimentos.

A expressão "pensar com o coração" se refere ao não uso da razão, ao colocar o que se sente à frente do raciocínio.

A emoção pode mascarar a realidade dos fatos, caso não consiga manter certa distância deles, para observá-los mais detidamente. Isso acontece quando se está diretamente envolvido com algo ou com alguém.

É importante desenvolver o amor no coração, sem colocar de lado o bom-senso.

Mas, quando buscamos a disciplina para que nossas atitudes estejam alinhadas com o que sentimos, uma transformação lenta, porém eficaz, se opera em nós. Nossos hábitos mudam. O relacionamento com as pessoas se torna mais maduro, fraterno. Tornamo-nos melhores.

202

*Diante de ti pus uma porta aberta, e
ninguém a pode fechar. (Ap 3,8)*

Portas se fecham... Portas se abrem, muitas vezes, com possibilidades maiores de êxito.
O melhor está por vir.
Não se deixe abater.
O abatimento diminui nossas expectativas em relação ao que esperamos.
A perda é aparente, pois é uma forma que a vida tem para dizer que você está no lucro. Ou seja, aquisições mais concretas surgirão e você nem sentirá falta do que perdeu.
Veja pelo lado bom. Coisas boas sempre acontecem, mesmo de forma diferente da esperada.
O que virá bater à sua porta será o resultado dos seus esforços pelos quais sempre lutou.
O que escapou entre os dedos estava abaixo do que você realmente merece.
Se abaixar o olhar agora, não poderá ver o novo horizonte que se abre à sua frente, mostrando outras perspectivas de vitória, de sucesso.
A chave está em suas mãos.

203

Segui a paz com todos. (Hb 12,14)

Sair ou voltar para casa com raiva só fará mal a você e aos outros.

Com a mente e o coração envenenados, onde quer que vá, essas vibrações ficarão impregnadas ao local, deixando o ambiente pesado.

Contraponha-se a essas emanações desagradáveis. Não permita que elas contaminem o seu relacionamento com os familiares nem com as pessoas do seu círculo de amizades.

Não se esqueça de fazer o mesmo em relação às pessoas que não conhece. Trate-as bem.

Pare um instante e acalme-se. A irritação incita a comportamentos impulsivos e atitudes que induzem a perda da razão. Não seja por ela dominado. Esteja no controle.

Ao sair, não deixe que a paz escape influenciada pela discussão. Ao voltar, não deixe a desarmonia entrar, por conta do que trouxe lá de fora. Ou seja, conserve a harmonia entre todos, dentro e fora de casa.

204

*Deixai-os crescer juntos até
a colheita. (Mt 13,30)*

O que você quer ser no campo da existência, joio ou trigo? Tanto a boa como a má semente se espalham pela terra, germinam e crescem juntas.

Pessoas há que, embora demonstrem boas intenções, não conseguem esconder o orgulho e a rudeza de caráter. E, quando pensam estarem ajudando, acabam por emperrar o andamento de um grupo, empresa, ambiente de fé.

Mas, se é preciso que joio e trigo cresçam juntos, o primeiro, às vezes, pode sufocar algumas das ervas boas, isto é, quem acredita ajudar, em realidade atrapalha, por estar sempre contra os que são verdadeiros e simples de coração.

Não seja joio. Seja trigo, aonde quer que sua colaboração seja requisitada.

Ambos serão separados e cada qual receberá de acordo com a sua qualidade.

A terra é campo de Deus, aqui todos têm as mesmas oportunidades, alguns se comportam como ervas daninhas, outros como flores que embelezam o campo.

205

*E eis que estou convosco todos
os dias. (Mt 28,20)*

Esteja bem consigo mesmo. As pedras que lhe atiram, imagine-as convertendo-se em flores perfumadas, atapetando os caminhos por onde passa.

Não se intimide com os percalços da caminhada. Siga tranquilamente.

Se encontrar outras pedras durante a caminhada, sejam elas em forma de pessoas ou aborrecimentos, deixe-as de lado, como sinal de que por ali já passou, e prossiga sem desistir daquilo que você é e em que acredita.

Os traidores, mentirosos, falsos e intrigueiros ficarão à margem da estrada, observando os outros passarem, sem, no entanto, conseguirem sair do lugar.

Por mais difícil que seja seu trajeto na vida, pavimente-o com a força do Alto que traz dentro de si, com a determinação e coragem de um desbravador ou caminheiro.

Com o Cristo no coração, você se encontra em ótima companhia. Então, jamais interrompa sua jornada por causa dos detratores ou por investidas das sombras.

206

*Adorarás o Senhor teu Deus, e
só a ele servirás. (Lc 4:8)*

Não deixe de exercer sua fé por causa de críticas. Há quem tenha paixão pelo seu time esportivo, admitindo-o como sua "religião", sem medir esforços para acompanhá-lo, seja aonde for.

Não há nenhum demérito torcer por alguma das mais variadas modalidades esportivas, de acordo com a preferência de cada um. Porém, se existem aqueles que a elas se entregam, apaixonados, por que você não pode viver sua religiosidade com amor e dedicação?

Eleger ídolos é que se torna um erro grave. Não podemos exaltar o profano e ridicularizar e rebaixar o divino.

O sacrifício pelas questões nobres, de cunho espiritual, é o que realmente tem valor. Levantar bandeira para finalidades que devem ser encaradas como distração e, para elas fazer um altar é admitir que elas são mais importantes que o Criador.

207

Admoesto-vos como meus filhos amados.
(1Cor 4,14)

Reflita sobre suas atitudes, principalmente aquelas que exigem maior esforço para manter o autocontrole.

Não baixe a guarda quando o assunto for a correção das inclinações negativas. É um exercício desgastante, porém necessário, que irá moldar o seu temperamento, fazendo de você uma pessoa mais centrada. A transformação será percebida, não por você, mas sim por aqueles que estão a sua volta.

Existe sempre uma aresta a ser corrigida em nosso modo de ser e agir. Identificada, ela se torna mais propensa, se não à extinção, ao menos a ser dominada.

O primeiro passo é reconhecer que você precisa mudar. O segundo é aceitar a mudança. O terceiro, partir para a ação no combate ao que esteja em desacordo com a sua evolução.

Não desista de ser cada dia melhor.

208

*Mas, sentindo o vento forte,
teve medo. (Mt 14,30)*

As tempestades são inevitáveis. Fazem grandes estragos por onde passam, deixando um rastro de destruição. É a força da natureza. E não há nada a fazer para contê-la, restando apenas reconstruir o que foi destruído.

Se você sente que sua vida está sendo devastada pelas tormentas, não fixe no que elas provocaram. Erga o olhar, recobre o ânimo e reconstrua sua vida.

Veja o bambu, ele enverga com os vendavais, mas não se quebra. Sua estrutura é tão resistente que nada o impede de ser forte e versátil.

Há mais de 5 mil anos ele é utilizado para diversas finalidades. Mesmo depois de ser cortado, a sua durabilidade é longa e sua beleza, única.

Não deixe que as tormentas da existência tirem de você o que há de mais belo e precioso; sua força e beleza. Resista e persista. Embeleze e encante onde quer que esteja. Jamais desanime.

Balance, mas não quebre.

209

Sede bondosos e compassivos uns com os outros, perdoando-vos mutuamente. (Ef 4,32)

Deus nos colocou no mesmo ambiente familiar para nos ajudarmos mutuamente e superarmos as diferenças uns com os outros.

Por que, ao invés de ficar pensando em fatos desagradáveis ocorridos entre você e alguém da família, você não recorda os bons momentos que já compartilharam?

Irmãos, irmãs, pai e mãe precisam exercitar o amor entre si. Ainda que seja difícil a convivência, por razões as mais diversas, a mágoa não deve se entrepor na relação dos laços consanguíneos, que, por sua vez, são laços espirituais.

Como é dolorido para os pais verem os filhos viverem com desamor. Da mesma forma que é difícil para os filhos verem os pais na mesma condição. Pense melhor. Não apenas a respeito dos membros da família, mas sobre o parente com quem há tempos você está de relações cortadas.

Ninguém sabe quando partirá deste mundo, mas quando tiver de ir, que seja de alma aliviada.

210

Como o Pai me amou, também eu vos amei; permanecei no meu amor. (Jo 15,9)

Existem muitas coisas que causam indignação e revolta, situações que demonstram quanto o homem se encontra alheio ao bem.

Porém, não se revolte nem se indigne para não entrar na frequência do mal.

É verdade que não devemos silenciar diante dos erros que afetam e afligem a sociedade, mas podemos nos expressar contra o que não é justo nem correto, agindo de maneira diferente.

Indignar-se é abrir espaço para que vibrações do mesmo teor encontrem abrigo em nós. E não queremos albergar o que seja contrário à paz, ao amor.

Permaneçamos na faixa vibratória do equilíbrio, porque chegará o dia em que os inimigos da paz não terão mais espaço neste mundo.

É da Lei Maior que a regeneração aconteça em meio à sociedade terrestre, inspirada pelo amor de Cristo. Continue crescendo, mantendo-se firme no amor.

211

Mas o justo viverá da fé. (Hb 10,38)

Ser otimista é desconsiderar o momento desfavorável e vislumbrar o surgimento de uma situação promissora.

É não ter como encerrada a circunstância atual, que pode ser alterada.

O otimista muitas vezes é visto como sonhador, alguém que não aceita a realidade dos fatos.

Pensamento idêntico, mas oposto, pode ter o otimista em relação àqueles que enxergam as coisas apenas pelo lado derrotista, que, ao invés de sonharem, vivem o pesadelo do negativismo, negando tudo, até a si mesmos.

Viver com otimismo não é sonhar acordado, e sim esperar que o melhor sempre encontre espaço, onde momentaneamente ele esteja ocupado pela circunstância desfavorável.

Viva de bem com a vida.

212

Assim como Cristo vos perdoou, assim fazei vós também. (Cl 3,13)

As feridas abertas pela decepção precisam ser curadas. Mexer com elas não irá fazer com que se fechem, muito pelo contrário, continuarão expostas e ardendo.

Trate todos com amor e não se esqueça de agir da mesma forma com você. Sim, também devemos nos tratar com muito carinho e respeito. Essa é uma das maneiras de cuidarmos das nossas feridas, para que não aumentem, e, sim, possam secar e por fim cicatrizar.

Trabalhe melhor as questões que o feriram ou ainda ferem, de modo que não lhe causem mais nenhum incômodo.

Exercite o perdão e verá quão distante ficará da ofensa, por maior que ela tenha sido.

Medite nas palavras de Jesus de Nazaré sobre o perdão, bem como o autoperdão e o amor, e o amor irá limpar as feridas e curar as dores da alma.

213

Fortalecei-vos no Senhor e na força do seu poder. (Ef 6,10)

Não queira ver somente o que agrada ou seja conveniente a você.

O fato de não conseguir encontrar uma saída para o que o aflige pode estar ligado à sua resistência, ou teimosia, em não admitir que precisa entregar-se às mãos de Deus.

Sozinhos nada somos ou conseguimos.

Ter atitude é um dever nosso, no entanto, é Deus que faz acontecer.

Nem sempre a nossa forma de querer, agir e ser favorece o desencadear dos acontecimentos esperados, por nos faltar, às vezes, humildade, sabedoria e aceitação.

A Providência Divina a todos provê, contudo, no Seu tempo, e não no nosso.

Deixe Deus atuar em sua vida, da forma que Ele achar melhor, e não da forma que acha que tem de ser.

214

Porque o Senhor corrige o que ama. (Hb 12,6)

Todos nós erramos, mas a correção dos erros pode ser feita mediante a prática do bem.

Culpa alimentada não ajuda em nada.

O serviço no campo da fraternidade favorece a correção de qualquer falha, e faz florescer em nós o amor que tudo supera e conforta.

Não se sinta indigno de praticar o bem, ainda que suas ações ou atitudes tenham sido contrárias a ele. Sempre existe a possibilidade de arrepender-se e, a partir desse ponto, fazer o que é certo.

Espalhar amor é a melhor forma de curar-se da culpa. É preciso ter consciência de que as boas ações são as que realmente precisam serem cultivadas.

Paralisar-se diante dos erros é deixar de avançar em direção aos acertos.

Permita-se recomeçar e se dar uma chance para não mais cometer os mesmos erros. Perdão é uma ação caritativa que também devemos a nós.

215

*Sabendo que a tribulação produz
a perseverança.* (Rm 5,3)

A persistência num projeto é que fará com que ele se concretize. Sem perseverança ele se torna fadado à interrupção, que de certa forma é pior que o fracasso, pois só corre o risco de fracassar quem está com projetos em execução.

Abandonar um ideal para logo depois começar outro sem que o primeiro esteja concluído é apenas fazer tentativas sem proveito.

Só quem está perdido no deserto ou numa floresta anda em círculos, sem saber por onde seguir. Encontre o caminho para que os ideais se realizem.

A desistência em qualquer área do esforço humano é trabalho que terá de voltar para se dar continuidade. Sabe por quê? Porque a consciência cobra, a personalidade não aceita e a necessidade implora.

Persista, que os resultados surgirão.

216

Vós me chamais Mestre e Senhor, e dizeis bem; porque eu o sou. (Jo 13,13)

Jesus é o Mestre que instrui a viver bem, com amor e equilíbrio. As lições por Ele ensinadas visam nossa felicidade. E, se não nos ativermos aos Seus ensinamentos, chegaremos de mãos vazias ao mundo Espiritual.

Deus é amor, contudo não nos esqueçamos que Ele é também justiça. "A cada um segundo as suas obras", lembra o Evangelho, que não nos exime da responsabilidade diante do nosso progresso.

O Evangelho possui diretrizes para uma existência feliz. Nas palavras do Mestre Galileu, existe vida em abundância, plena.

Nossa existência não teria sentido se o sacrifício na cruz não tivesse passado de apenas mais uma crucificação, como tantas outras que ocorreram. Porém, com Ele, teve um significado maior, tornando-se símbolo da libertação de todos que permaneciam sob o jugo das sombras.

217

Que vosso amor seja sem hipocrisia.
(Rm 12,10)

Quem o afasta do bem, certamente não se preocupa com sua felicidade nem com sua evolução. Não se prenda às cadeias das ilusões, porque sem sombra de dúvida irá se desiludir.

Traga junto a você pessoas que possam lhe agregar valor, no sentido de amizades sinceras e de convivência edificante.

Não se aproxime de pessoas com interesses egoístas, e se cuide em relação àquelas que queiram com você.

Curar-se interiormente é se abrir para o amor. Não seja ingênuo para que as doenças morais existentes no mundo, não venham contagiá-lo, envenenando a alma e, consequentemente, desviando-o do bom caminho.

Não procure ser "feliz", trabalhando para a própria infelicidade, no dia de amanhã... A alegria verdadeira não se encontra nem aqui nem no hoje.

218

Sede vós também pacientes e fortalecei o vosso coração. (Tg 5,8)

As pessoas têm vivido o imediatismo, tudo tem de ser para hoje ou para agora. É preciso saber esperar.

A impaciência tem deixado muitas pessoas ansiosas. Os ansiosos têm se transformado em melancólicos. Os melancólicos estão se tornando depressivos. Os depressivos se desencontram no vazio existencial, sofrem e se amarguram demasiadamente, necessitando de apoio, amor e cura interior.

O tratamento para esse mal pode ser encontrado na terapia, porém a cura real se opera na alma, por meio do exercício espiritual, pelo qual os indivíduos podem mergulhar na própria essência.

Viver o imediatismo das coisas é prender-se ao mundo que o rodeia, sem se dar conta de que é no interior que encontrará os reais motivos para viver e ser feliz.

219

Não terias qualquer poder sobre mim, se não te fosse dado de cima. (Jo 19,11)

Não se iluda com o poder. Na vida tudo é transitório e o posto que ocupa não lhe foi concedido para sentir-se "deus" ou vestir-se de orgulho, altivez e frieza. Se está em uma posição acima dos demais, lembre-se de que está ali para comandar, mas também para servir, e não ser somente servido.

Não se envaideça com o posto que ocupa. Da mesma forma, não inveje aquele que ocupa uma posição de comando, porque ela deve ser conduzida com responsabilidade, sabedoria, humildade e amor, visando o bem de todos.

Não são poucos os que se perderam pelos caminhos do poder, deixando-se seduzir por ele, obtendo vantagens egoístas, mesmo que para isso tivessem de passar sobre os outros.

Para comandar não basta competência; é preciso ter sensibilidade, para que os que se encontram em outro patamar não se sintam humilhados.

220

A letra mata e o espírito vivifica. (2Cor 3,6)

Não confunda fé com falta de responsabilidade. É verdade que todos nós contamos com a proteção do Alto, entretanto, isso não nos libera do dever de cuidarmos da saúde, de trabalharmos, de aprendermos.

Acontecimentos que colocam a vida humana em risco precisam, sim, da nossa fé, tranquilidade e sabedoria para lidarmos com eles, sem ignorarmos a parte que nos cabe realizar para que cesse o perigo.

Infelizmente, não é raro vermos pessoas que a pretexto de demonstrarem confiança em Deus, desrespeitam o zelo dos demais no que diz respeito ao contágio de uma doença, e não colaboram para que ela não se prolifere.

A irresponsabilidade, em alguns casos, surge com ares de fé, mas em verdade não passa de negligência e omissão, porque quem tem Deus no coração não pensa só em si mesmo.

221

Eis agora o tempo favorável. (2Cor 6,2)

De tempos em tempos, a ciência descobre novos planetas, outros mundos no imenso Universo.

O planeta Terra não é o único a compor o sistema, o que nos faz pensar que não somos exclusividade da Criação...

Jesus assegurou que "há muitas moradas na casa do Pai", o que podemos entender como outros planetas e também como outros lugares no mundo invisível.

Tal conhecimento pode parecer distante das nossas realidades espiritual ou planetária, no entanto, ambas se encontram tão mais próximas de nós do que imaginamos, como pessoas e espíritos em evolução.

Não é difícil prever que novos tempos são chegados e para eles é preciso que estejamos inseridos no propósito de renovação, vibrando na faixa do amor uns com os outros.

222

Pois quando sou fraco, então é que sou forte.
(2Cor 12,10)

As consequências que geram situações desagradáveis podem e devem ser evitadas, ainda que você esteja com a razão e não siga as provocações que chegam de fora.

O melhor, embora pareça difícil, é se controlar, para que de uma faísca não aconteça uma explosão que pode levar tudo a perder. Isto é, muitas vezes parte de nós o poder de acalmar os ânimos ou deixar que eles descambem pela ladeira da agressividade.

Covardes não são os que evitam a guerra, e sim aqueles que querem promovê-la a todo custo, sem se importarem com os demais que nada têm a ver com ela. E ela não afeta apenas as partes envolvidas, respinga até mesmo em quem não está presente, porque todos têm família, amigos, e estes também sofrem com o nosso pesar.

Tenha sempre a coragem de amar.

223

Pedis mal, para gastardes em vossos deleites.
(Tg 4,3)

O egoísmo torna algumas pessoas incapazes de se sensibilizarem com as outras.

Por causa dele a humanidade padece pela falta do mínimo para viver, enquanto outros, egoisticamente, aumentam sua conta bancária, sua dispensa, seu orgulho à custa de desvios e omissões em relação ao bem-estar da população em diversos cantos do mundo. E tenhamos certeza de uma coisa: a vida destes últimos sangra muito mais que as chagas abertas do egoísmo.

Entenda-se aqui chaga como doença de uma sociedade que finge não ver, ouvir nem sentir o drama do outro.

Curar a chaga do egoísmo seria a solução para muitos dissabores sociais. Isso parece um sonho, que pode vir a ser realidade se cada um viver de forma desprendida e olhar mais para o outro.

224

Permaneça o amor fraternal. (Hb 13,1)

Desfaça-se das antipatias, elas geram veneno.
Procure ver no semelhante o seu reflexo. As atitudes equivocadas dele poderiam ser as suas.

Ter compreensão nesses momentos pode parecer difícil. Mas, se não exercitarmos a tolerância diante de pessoas que possuem menos paciência que nós, o que será das relações humanas?

A antifraternidade segue na contramão do progresso de toda uma sociedade, que cada vez mais clama por um mundo pacificado e regenerado.

Não deveríamos travar luta contra nossos irmãos, seja ela de que forma for, porque fazemos parte da família universal. Nós saímos da mesma Fonte da Criação, portanto, somos iguais perante Deus. Por outro lado, o que predomina na essência de cada um, é que faz a diferença.

Só o amor é que precisa se diferenciar em face dos sentimentos nocivos.

225

Para Deus todas as coisas são possíveis.
(Mt 10,27)

Siga em frente.

O sonho deve ser permanente, não importa quantas vezes seja adiado.

Erros podem ser consertados ou então remediados. Parar por causa deles é encher-se de autopunição.

Dificuldades são anteparo ou corrimão para que não nos precipitemos morro abaixo, protegendo-nos dos perigos.

Decepção é convite a rever em quem confiamos, pois há quem seja realmente leal.

Fracasso é parada que promove a revisão de conceitos e métodos, que podem ser mudados.

Desânimo é veneno que pode ser combatido com o antídoto do vigor, refazendo a esperança.

A cura interior é o salário de quem trabalha em prol do amor aos outros, desenvolvendo o amor dentro de si.

226

Há alegria diante dos anjos de Deus por um pecador que se arrepende. (Lc 15,10)

Desconfie de alguns pretensos convertidos, que querem convencer os outros daquilo que eles mesmos ainda não se tornaram: Moralismo exacerbado, donos da verdade ou apontamentos de dedos nunca foram sinônimo de transformação.

Conversão não é mudança de religião; é, antes de tudo, mudança comportamental, mudança de atitudes e valores. É um exercício para toda a existência.

O verdadeiro convertido é aquele que reconhece suas imperfeições e busca no trabalho silencioso, dentro de si mesmo, a reforma íntima, pautada nos ensinamentos de Jesus, sem, entretanto, bradar aos quatro cantos que se converteu.

O proselitismo é desnecessário, porque o testemunho real e efetivo se faz por meio das atitudes, o que demonstra que o ser está se tornando uma pessoa melhor para o mundo e para a vida espiritual.

227

E, se houver cometido pecados, ser-lhe-ão perdoados. (Tg 5,15)

Aquela situação constrangedora e humilhante que sofreu já não importa mais. A sua vida interior precisa ser restaurada para que o relacionamento com as pessoas seja mais leve e, assim, possa seguir confiando no ser humano e em você também.

Um olhar de misericórdia para com quem nos feriu parece ser algo impossível, uma vez que a dor moral se mostre maior que qualquer dor física. Entretanto, para chegar à cura interior se faz necessário amar; amar a si e aos outros, o que não significa concordar com as atitudes equivocadas daqueles que agridem.

Se estão doentes da alma, isso é um problema deles; mas não se prenda às mesmas correntes psíquicas e espirituais em que estão. Siga em frente. Ainda que lembranças amargas insistam em permanecer, procure no amor a cura para elas. Pense em sua libertação, renovando o seu coração.

228

Do interior do coração dos homens saem os maus pensamentos. (Mc 7,21)

Pensar de modo diferente faz toda diferença, principalmente quando a positividade toma a frente dos padrões e formas-pensamentos menos felizes. É a disciplina mental que devemos adquirir para estarmos em sintonia com o que seja saudável, evitando a contaminação com o que vem de fora.

Tal qual a palavra, o pensamento exerce influência, primeiramente em nós, para depois ocupar espaço em forma de vibrações, beneficiando ou contaminando o lugar onde encontre a mesma frequência, o mesmo teor vibratório.

Conservar a mente sã requer exercício constante, porém é por meio dela que podemos ter uma vida interior saudável, ainda que tudo no exterior se mostre o oposto.

Muitas enfermidades poderiam ser evitadas se mantivéssemos o pensamento saudável.

229

*Onde está, ó morte, o teu
aguilhão? (1Cor 15,55)*

A saudade lhe aflige a alma?

Compreensível que não poder gozar da presença física de quem amamos seja viver como se houvesse uma imensa cratera aberta no coração. Esse espaço parece impossível de ser ocupado.

Contudo, é possível preenchê-lo com atividades e ações que possam ser realizadas em memória daqueles que não se encontram mais entre nós. Dedicar-se a uma obra ou causa que vise o bem do próximo nos torna mais próximos daqueles que agora vivem em outro Plano.

As recordações, embora acompanhadas pela dor da ausência, podem e devem ser substituídas por atividades construtivas, que visem o bem do outro e o próprio crescimento, sem revolta nem tristezas infindáveis.

Não se afaste de Deus nem o culpe pelo afastamento momentâneo dos entes queridos, porque um dia, todos irão se reencontrar no grande Além.

230

Fui néscio em gloriar-me. (2Cor 12,11)

A rigidez não favorece ninguém.
Dureza de coração não é sinônimo de força.
A indiferença com o outro poderá ser o desprezo recebido amanhã.
Ignorar o bem é dar asas ao mal.
Escolhas erradas também podem afetar os que estão a nossa volta.
Ganância não é garantia de vida plena.
O orgulho não é algo que enobrece e ilumina.
Traição é um engodo a si mesmo.
União por interesse material não consolida uma relação.
Sexualidade desequilibrada é trampolim para outros desequilíbrios e muitas frustrações.
Negação da vida após a vida na Terra é decepção ante a nova realidade que se descobre ao deixar o corpo material.
O amor é a cura para as doenças da alma.

OBRAS DO AUTOR

Pensando Positivo
Força Interior
Atitudes Positivas
Para Superar Dificuldades
O Segredo é Pensar com Otimismo
Orvalho de Esperança
Brilhe Vossa Luz

Av. Porto Ferreira, 1031
Parque Iracema
CEP 15809-020 | Catanduva-SP

www.**boanova**.net
boanova@boanova.net

📞 17 3531.4444
📱 17 99777.7413
📷 @boanovaed
f boanovaed
▶ boanovaeditora